フランクフルト学派と批判理論

〈疎外〉と〈物象化〉の現代的地平

スティーヴン・エリック・ブロナー
小田透 訳

CRITICAL THEORY
A Very Short Introduction

Stephen Eric Bronner

白水社

フランクフルト学派と批判理論——〈疎外〉と〈物象化〉の現代的地平

エルンスト・ブロッホを偲んで

CRITICAL THEORY: A VERY SHORT INTRODUCTION
SECOND EDITION
By Stephen Eric Bronner

フランクフルト学派と批判理論＊目次

装幀＝小林　剛
組版＝鈴木さゆみ

はしがき

本書の初版が出たのは、二〇一一年のアラブの春、アメリカ合衆国におけるオキュパイ・ウォールストリート運動、南ヨーロッパにおける緊縮経済に反対するデモが勃発した直後のことだった。改訂版となる本書が仕上げられたのは、世界的な揺り戻しの只中でのことである。世界に広がる反動的叛乱は、野蛮なシリア内戦を引き起こし、西側に逃れようとする移民の波を作り出し、ヨーロッパのいたるところで外国人排除を掲げるネオファシズム的な政党を再来させ、アメリカ合衆国でティーパーティーの勝利をもたらし、二〇一六年にドナルド・トランプを大統領に選んだ。批判理論の政治的次元と倫理的目的に再び生命を吹き込むことは、今日、以前にも増して急務である。そして楽観できる理由がある。ラテンアメリカ、南ヨーロッパ、中近東において、批判理論はますます関心を集める主題になってきている。嬉しいことに、批判的伝統についての私の他の著書がポルトガル語とスペイン語に翻訳されたし、それればかりか、本書初版はすでにアラビア語とペルシャ語に翻訳された。

私の著書の新たな読者は過去の読者より政治的である。批判的伝統の抜き差しがたい一部である旧弊な前提にたいする懐疑はより深い。連帯を強化し、既存の制度にたいするオルタナティヴをはっきり言語化し、来るべき時代の革新的な政治闘争を押し進めることのほうに、より興味を抱いている。この政治的奮闘を支援すること、それこそ、オックスフォード大学出版局によるVery Short Introductionsという素晴らしいシリーズのために本書初版を書き下ろしたとき私の念頭にあったものだった。批判理論へのイントロダクションとしてだけではなく、批判理論の伝統を政治的に解釈し直したがゆえに、本書はなにかしらの反響を巻き起こしたのだ、と私は考えたい。本書がはっきり打ち出していたのは、実践《プラクティス》にとっての理論《セオリー》の重要性であり、理論《セオリー》にとっての実践《プラクティス》の重要性である。批判理論が変容をもたらす営為であると理解することは、批判理論の今日性、唯一無二性、真にラディカルな性格を保つための前提条件であり続けている。そう私は論じたのだった。

そこは何も変わっていない。この改訂版では、細部の誤りを正し、議論を引き締め、定式化がうまくいっていなかったところを改正し、無駄なところは削りつつ、必要なところは拡充してある。それから、文化的モダニズムの影響を扱った新章では、非同一性の源泉や批判理論の美学的側面をより巧みに解説することができた。この新版でも強調しているのは、西洋の外、すなわち、批判的伝統がもたらす洞察を最も必要としているにちがいない国々において高まりつつある、批判的伝統の知名度（とその活性化）である。新たな形で立ち現れてきている権威主義的な過剰さ、制度的な偏狭さ、宗教的過激主義、階級的衝突、様々な構造的な権力の不均衡にたいして、批判理論の新形態は建設的に応答できるし、そうあってしかるべきである。以上のことをすべて考慮に入れると、私が行った変更は表面的なものにとどまらない。この改訂版が、初版の知名度とインパクトを得ることをただ願うばかりである。

イントロダクション――批判理論とは何か?

哲学には転覆的な要素がある。このことを哲学はその始まりから現在にいたるまで明らかにしてきた。プラトンの『ソクラテスの弁明』が物語るのは、どのようにしてソクラテスがアテネ市民に糾弾されたかである。若者の風紀を乱し、神々の存在を疑っているという理由で、ソクラテスは糾弾されたのだった。この訴えには何かしらの真実が含まれていた。ソクラテスは世間一般に流布していた因習的な知恵に疑問を投げかけた。長きにわたって信じられてきたことを理性的に精査し、現に存在している秩序の彼方に映し出される懸案事項に思索をめぐらせたのである。後に「批判理論」という名で知られることになるものは、この遺産を礎にして築かれたのだった。第一次世界大戦と第二次世界大戦のあいだの時期に、哲学のなかで新たな志向が生まれた。その方向性の代表者のなかでも最重要の人物たちによる容赦ない攻撃が、西洋文明の内部に埋め込まれた搾取、抑圧、疎外にたいして仕掛けられていく。

批判理論が拒絶するのは、制度組織や固定的な思想体系のたぐいを、自由と同一視することである。批判理論は、競合する理論や既存の実践形態が隠し持っている前提や目的を問い直す。

「永遠の哲学」なるもののためにはほとんど役に立たない。批判理論の主張はこうである。思想は、変化する歴史状況から生起する新たな問題や新たな解放の可能性に応答しなければならない。批判理論は様々な領域のあいだに身を置き、他に類を見ない実験性を持ち、伝統もいかなる絶対的主張も深く疑ってかかった。物事がどのような状態にあるかということだけに思いをめぐらせていたわけではない。どうありえるかもしれないのか、どうあるべきなのか、ということにも、つねに思いをめぐらせていた。この倫理的要請に導かれ、批判理論の代表的思想家たちは一連のテーマ群や新たな批判的方法を発展させていき、それが社会についての私たちの理解を変えたのである。

批判理論には多くの起源がある。イマヌエル・カントは個人にとっての至高の価値とは倫理的自律性であると考えた。カントは批判理論に科学的合理性の定義をもたらし、自由を見据えつつ現実と対峙するという目標を与えた。その一方で、ヘーゲルは意識を歴史の原動力と見なした。思考は実践的関心と結ばれており、哲学は「思想において把握された時代」である、というのがヘーゲルの理解だった。批判理論家たちはそこから、全体性《トータリティ》を視野に入れつつ個別《パーティキュラー》のものを解釈することを学んだ。自由の契機は、奴隷にされている者や搾取されている者による承認の要求のなかに現れたのだった。

カントとヘーゲルが共に体現していたのは、十七、十八世紀のヨーロッパ啓蒙主義に由来するコスモポリタンで普遍的な前提である。迷信、偏見、残虐さ、制度的権力の恣意的な行使と闘うために、カントもヘーゲルも、理性に拠り所を求めた。それに加えて、美学が表現する人間的な希望、宗教が持つ救済的な憧憬、理論と実践の関係を考える新たな方法について、思索をめぐらせた。若きカール・マルクスは人間解放についてユートピア的な省察を重ね、カントとヘーゲルのさらに先まで進んだ。

批判理論はマルクス主義という知的坩堝《るつぼ》のなかで誕生した。しかしその代表的な主導者たちは、最初から、経済決定論、歴史段階論、社会主義の「不可避的」勝利にたいする宿命論的信念に冷淡だった。マルクスが言うところの経済的「土台《ベース》」より、社会の政治的文化的な「上部構造《スーパー・ストラクチャー》」のほうに、彼らの関心は向いていたのである。彼らのマルクス主義は別種のものだった。彼らがマルクス主義のうちで際立たせたのは、その体系的な主張ではなかった。批判的方法、疎外と物象化への関心、啓蒙主義の理想とのあいだに切り結ばれた複雑な関係、ユートピア的契機、イデオロギーの役割の強調、個人を歪めるものに決然と抵抗する意志的態度《コミットメント》であった。この種々の主題からなる複合体が、「西欧マルクス主義」の主導的存在だったカール・コルシュとルカーチ・ジェルジュの構想した批判理論の中核を成している。これらふたりの思想家が、後に社会研究所ないしは「フランクフルト学派」と見なされることになる批判的プロジェクトのための枠組みを提供した。

その主要メンバーのひとりに含まれるのがテオドール・W・アドルノである。音楽と哲学についての深い学識で名高いアドルノと研究所の共同関係は一九二八年に始まるが、それから十年のあいだアドルノは公式には所員ではなかった。才能豊かな心理学者エーリッヒ・フロムと研究所の九年におよぶ共同研究は一九三〇年に始まった。多芸多才な哲学者ヘルベルト・マルクーゼは一九三三年に所員となった。飛びぬけて創造的な思想家だったヴァルター・ベンヤミンは公式には一度も所員にはならなかった。ユルゲン・ハーバーマスは一九六八年以後に主導的な哲学者となった。研究所界隈で最も多作な思想家といえば間違いなくハーバーマスだろう。しかしながら、研究所の模範だったのはマックス・ホルクハイマーである。ホルクハイマーがこれらの傑出した知識人たちをひとつに結び合わせ、批判的社会理論《クリティカル・セオリー・オブ・ソサエティ》のための学際的基盤を築いたのだった。

　フランクフルト学派は当初、自分たちの学術研究がプロレタリアの革命行動のための実践的展望を助けるだろう、と信じていた。しかし、三〇年代が進むにつれ、ソヴィエト連邦での革命は変質し、ヨーロッパにおける革命の見通しは色褪せた。ファシズムが大手を振って政治に入り込んできたし、もとをたどれば近代的なものとも結びついていた人間的希望はますますナイーヴに思われるようになっていった。フランクフルト学派はこうした歴史的変動を記録したのである。それは、左翼が長らく抱いてきた信念――科学や技術に内在する革新性、大衆教育《ポピュラー・エデュケーション》、大衆政治《マス・ポリティクス》にたいする信念――を痛烈に問い質すことによってであった。

　疎外《エイリエネーション》と物象化《リイフィケーション》という二つの観念は最も頻繁に批判理論と関連づけられるものである。一般に、疎外は搾取と分業の心理的効果と見なされている。物象化は、人が道具的に扱われるありさま――本来属していた歴史的文脈から引き裂かれた概念を通して、人がいかにして「モノ」扱いされるか――と理解されている。すでに一九二〇年代に、西欧マルクス主義者は疎外と物象化の研究に着手していた。しかしフランクフルト学派は、これらの複雑なカテゴリーが先進産業社会において個人にどのように影響を与えるかという点について、独自の解釈を提供した。

思考はどのようにして生産活動や利益創出に関する機械的考えに還元されるのか。倫理的省察はどのようにして消滅傾向にあるのか。美的なものの享受はどのようにして標準化の一途をたどっているのか。学派が調査したのはこれらの問題である。近代社会の解釈がますます困難になっていくさまを、批判理論家は警告まじりに書き留めた。こうして、疎外と物象化の分析は、それらがいかにして主体性《サブジェクティヴィティ》の行使を脅かし、世界から意味と目的を奪い、個人を機械のなかの歯車に変えていくのかという観点からなされたのだった。

アウシュヴィッツは疎外と物象化の最もラディカルな含意を体現していると見なされた。リスボン地震は十八世紀において進歩についての楽観的な想定を粉々にしたが、アウシュヴィッツはそれを凌ぐさらにラディカルなものであり、分水嶺的な出来事だった。ナチの強制収容所のイメージはいまだ生々しく、ヒロシマとナガサキは破壊され、ソヴィエトの収容所《グラグ》について新たな報告がなされ、アメリカでマッカーシズムが台頭してくるなか、西洋文明は人間の発展ではなく比類ない野蛮さを生み出したかのようだ、とフランクフルト学派は思ったのである。

ラディカルな思想に求められるのは、古臭いありきたりの資本主義批判以上の何かだということを、フランクフルト学派は理解していた。

権威主義的傾向を相殺するには教育の拡充が必要であるという点について、フランクフルト学派のメンバー内に異論はなかった。しかし、完全に管理された社会でそのような教育がどこまで効果を発揮するかは未知数だった。新たな「文化産業《カルチャー・インダストリー》」――これは批判理論関連の概念のなかで最も有名なものと言ってよいだろう――は売り上げ最大化のために倦むことなく励んでおり、最も低俗なものをさらに低俗にしていた。真正なる個人の経験も、階級意識も、高度資本主義の消費主義の脅威にさらされていた。こうした状況が、ホルクハイマー、アドルノ、マルクーゼをして、次のように言わしめたのである。作品が大衆的《ポピュラー》になればなるほど、そこに政治的メッセージがあるかどうかに関係なく、作品のラディカルな衝動はシステムにとりこまれていくだろう、と。これらの思想家は実験的モダニズム芸術の擁護者になり、彼ら自身、戦後の張り詰めた空気のなか、自らのラディカルな信念を護る錯綜した文章からなる「イソップ」形式の卓越した実践者となった。批判理論の難解で迂遠な文体は、その分かりにくさにもかかわらず、一九六〇年代の反乱に関わったラディカルな知識人にますます訴えかけたのだった。

家族、セクシュアリティ、教育を再構成するにあたって、ヨーロッパのラディカルな人々は批判理論の考え方を応用した。残虐さや競争とは無縁の、新たなユートピア的感性《センシビリティ》をもたらそうとしたのである。しかしフランクフルト学派は一九六〇年代の運動をめぐって分裂した。

アドルノとホルクハイマーは懐疑的だった。対抗文化《カウンターカルチャー》も、伝統にたいする攻撃も、散発的な暴力も、反知性主義も、民主主義の敵にラディカルな活動家《アクティヴィスト》が与えてしまっているらしい安楽さも、二人は容赦なく疑問視した。一九六〇年代の大衆運動《マス・ムーヴメント》は両大戦間のそれと変わらないと見ていたし、ユートピア的思考は全体主義と繋がっていると考えていた。

真の抵抗がいま必要としているのは、批判的伝統のなかの否定的契機《ネガティヴ・モメント》を浮かび上がらせることらしかった。アドルノはとりわけ次のように論じた。重要なのは、もはや、いかなるシステムや集団であれ、そうしたものと自由との同一化を単に拒絶することではない。むしろ、個人と社会の「非同一性《ノン・アイデンティティ》」を概念化すること（そしてその緊張関係を浮かび上がらせること）である、と。組織的な抵抗、制度的な政治にたいする関心が脇に追いやられ、アドルノにおいては、美学＝哲学的な批評形態がそれに取って代わった。ホルクハイマーの場合、それは疑似宗教的な「完全なる他への憧憬」であった。フランクフルト学派は依然としてヘーゲルとマルクスから受け継いだ方法を採っていた。政治的に最も保守的なメンバーは依然として、主体性は自らが抵抗するもの――商品形態、大衆文化、官僚社会――に絡めとられていると見ていた。しかしここで、普遍的主張、哲学的基盤、硬直した物語にたいして、新たな疑いが投げかけられた。

「否定弁証法」は、ポストモダニズムやポスト構造主義と関係づけられる多くの関心事を先取りしていた。事実、あまりに多くのものが先取りされていたので、ポストモダニズムやポスト構造主義を批判理論の様々な表出として扱うこともいまでは珍しくない。脱構築的ないしはポスト構造主義的なアプローチは、最も権威ある様々な学術雑誌を侵略し、人類学、映画研究、宗教学、言語学、政治学といった幅広い領域に侵入した。人種やジェンダーについても、ポストコロニアルな世界についても、新たな洞察が生み出された。しかしながら、批判理論がこの過程で失ったものがある。統合的な社会批判を提供し、有意義に政治を概念化し、新たな解放の理念を投《プロ》射《ジェクト》する能力だ。テクスト解釈に拘泥し、文化的なものに関心を集中させ、形而上学的な論争を繰り広げることで、批判理論はますます自らの成功の犠牲となっていった。

第一章　フランクフルト学派

社会研究所は一九二三年に創設された。その母体となったマルクス主義研究会は、ロシア革命の余波のなかで労働運動が直面していた実際的問題に対処する術を模索していた。類例を見ないマルクス主義のシンクタンクに資金を提供したのは、ヘルマン・ヴァイルである。ヴァイルは開明的な精神をもった実業家で、アルゼンチンの穀物市場で財産を築いた。その金が、ヴァイルの息子フェーリクスの熱心な後押しによって、研究所に提供されたのだった。フェーリクスは自らを「ボルシェヴィキ気取り《サロン・ボルシェヴィキ》」と見なしていた。

フェーリクス・ヴァイルの親しい友人にクルト・アルベルト・ゲルラッハがいた。ゲルラッハは社会民主派で、経済学者でもあり、研究所の最初の所長になっていたはずの人物だった。しかし残念なことに、ゲルラッハは糖尿病で亡くなった。こうしてカール・グリューンベルクが後を引き継いだ。グリューンベルクは研究所初となる公式の出版部門を創設し、「社会主義及び労働運動史アルヒーフ」誌は、コルシュの『マルクス主義と哲学』（一九二三）などの重要な著作を数多く掲載した。グリューンベルクに、ヘンリク・グロースマン、フリードリヒ・ポロック、フリッツ・シュテルンベルク、カール・アウグスト・ヴィットフォーゲルが加わった。彼らはみな共産党員だった。一九一八年から二一年にかけて続いた民主的な労働者評議会《ワーカーズ・カウンシル》に依然としてノスタルジーを抱き、ドイツ・ソヴィエト共和国を心に思い描いていた。彼らの知的奮闘は、資本主義の瓦解、国家の新たな役割、帝国主義について多種多様な意見を提出している。しかしこのグループは後景に退いていく。一九三〇年に研究所の全体的な方向性が変わるだろう。それは、マックス・ホルクハイマーが、後にフランクフルト学派として知られることになる新顔のインナー・サークルを結集させた年であった。

インナー・サークル

ホルクハイマーは、一八九五年、シュトゥットガルトの裕福なユダヤ商人の家に生まれた。幼年期の学業には特筆すべきところはなく、ギムナジウムを中退し、父の経営する織物工場で見習いとして働き始めた。しかし、一九一一年、終生の友となるフリードリヒ・ポロックと知り合いになり、哲学と社会科学を手ほどきされた。ホルクハイマーがギムナジウムを卒業したのは第一次世界大戦後のことである。共産主義に手を出し、フランクフルト大学で幅広く勉強し、最終的にカントの『実践理性批判』（一七九〇）について博士論文を書いた。

ホルクハイマーは所長就任以前、ほとんど文章を発表していなかった。それが変わるのはヒトラーの勝利した一九三三年以後のことである。研究所を移転させようと奔走していた時期だった。研究所はまずフランクフルトからジュネーヴへ、次いでパリへ、そして最終的にニューヨーク市のコロンビア大学に移された。ホルクハイマーの一九三〇年代の論考が中心的に取り組んでいたのは、批判理論を哲学における競合相手から区別すること、それから、全体主義の心理的、人種的、政治的基盤を創出することによって自由《リベラル》主義的資本主義がどのように当初の約束を裏切ったかを論証することだった。大衆文化、道具的合理性、権威主義的国家について論じた著作もあり、それらの延長線上に生まれたのがアドルノとホルクハイマーの古典的名著『啓蒙の弁証法』（一九四七）である。ホルクハイマーの思考は確かに年を経るうちに変わっていった。にもかかわらず、苦痛《サファリング》が与える衝撃と、個人の経験に備わっている解放の可能性が、彼の念頭を去ることは絶えてなかった。

1　フランクフルト学派を代表する３人：マックス・ホルクハイマー（左）、テオドール・W・アドルノ（右）、ユルゲン・ハーバーマス（後列）。３人が一緒に収まっている唯一の写真。

　ホルクハイマーは学際的研究の擁護者でもあり

続けた。彼の主導のもと、フランクフルト学派は、規範的理論と経験的調査のあいだのギャップを架橋しようと試みたのである。ホルクハイマーは一九三〇年の所長就任講義でそうした目標を強調していたし、亡命中でさえ、アメリカ・ユダヤ人委員会のために学際的研究プロジェクト「偏見の研究」を編纂した。複数巻におよぶこのプロジェクトには、ドイツ帝国における反ユダヤ主義の社会的起源の鮮やかな分析であるポール・マッシングの『破壊のためのリハーサル』(一九四九)、レオ・レーヴェンタールとノルベルト・グーターマンの『欺瞞の預言者――アメリカの煽動者の技術についての研究』(一九五〇)、テオドール・W・アドルノとその他の研究者たちによる古典的名著『権威主義的パーソナリティ』(一九五〇)が含まれていた。

ホルクハイマーのラディカリズムに火をつけたのは、ロシア革命と、一九一九年のスパルタクス団蜂起だった。しかしスターリンによる粛清と恐怖政治の出現でその炎は消えてしまった。ホルクハイマーは結局、共産主義のみならず、マルクス主義とも決裂した。研究所をドイツに戻す前、一九五一年から五三年にかけてフランクフルト大学の学長を務める前でさえ、政治的には右寄りになっていた。ホルクハイマーが最終的に行きついたのは、アルジェリアにおける帝国主義打倒の闘争に反対し、ヴェトナム戦争を支持し、一九六八年の反抗を糾弾することだった。

そのとき、窮状《ミゼリー》の否定にたいするホルクハイマーの関心は新たな変転を遂げた。神的なものの描写を禁じる旧約聖書を振り返りつつ、次のように信じるようになっていった。抵抗という観念を保つことは、いまや、現実を全否定し、解放にあこがれることによってのみ可能である。聖なるもの——彼岸的なもの、と言ってもいい——が、俗なるものと対峙するための視座となった。啓蒙批判を極論にまで進めた。友人たちはホルクハイマーがますますカトリシズムに手を染め出したことに気づいた。理論と実践の繫がりはすべて切断された。マックス・ホルクハイマーが七十八歳で亡くなったとき、批判理論はすでに危機に瀕していた。

　エーリッヒ・フロムは早いうちからホルクハイマーの最も親しい友人のひとりだった。専門は心理学だが、神学の方面にも精通していた。事実、フロムの最初の妻であるフリーダ・ライヒマンとともに設立したベルリンの精神分析研究所の別名は「神療所《トーラポイティクム》」〔治療所《テラポイティクム》のもじり〕だった。多作で、知的に大胆で、ジークムント・フロイトの思想とマルクスの思想を繫いだ最初のひとりに数えられる。しかしながら、今日、フロムはあまり真剣には受け取られていない。一般にフロムの名で思い出されるのは、アカデミズムの批評家が「ハウツー」本、「フィールグッド」本、表薄な国際関係研究と見なしたものである。それぞれの代表例としては、大衆文化の表現する愛とは違う、責任ある愛のかたちを提示する『愛するということ』（一九五六）、西洋文化へのシニカルな攻撃の向こうを張る『悪について』（一九六四）、核兵器廃絶と冷戦精神の緩和を良識的に求める『人間の勝利を求めて』（一九六一）が挙げられる。『自由からの逃走』（一九四一）は透徹した全体主義の分析によって忘れられていない。しかしながら、『破壊——人間性の解剖』（一九七三）における偉大な探求は不当にも無視されてきた。

フロムは正統派ユダヤ教の家庭で育ち、幼少期より学識あるラビ――たとえばネヘミア・ノーベル、さらに特筆すべきはザルマン・バルーフ・ラビンコヴ――の教えを受けた。彼の博士論文は『ユダヤのおきて――ディアスポラ・ユダヤ教の社会学への一つの寄稿』（一九二二）で、最初期の著作である『安息日』（一九二七）や、マルクス主義的なひねりが加わった『キリストの教義』（一九三〇）は、宗教的主題を取り扱っていた。一九二〇年代に選び取った無神論にもかかわらず、宗教の与える心理的アピールや倫理的衝動にたいする関心が完全に消え失せることはなかったし、『ヒューマニズムの再発見』（一九六七）では旧約聖書のヒューマニズム的再解釈で一般大衆の心に訴えかけた。「唯物論的心理学」を発展させようというフロムの試みが反映していたのは、批判理論がもともと持ち合わせていた包括的社会変容《ソーシャル・トランスフォーメーション》へのコミットメントだった。精神分析の実際的性格の強調、すなわち、抑圧に抗いヒューマニズム的価値観を育むことと精神分析との繋がりが、彼のキャリアを特徴づけていくことになる。

　フロムは一九六二年にメキシコ精神分析協会の設立を支援し、ラテンアメリカにおける精神分析の発展に最大の影響力を持つ人物のひとりとなった。ヴェトナム戦争やアメリカ帝国主義に断固として反対し、数えきれないほどの革新的大義を支持したフロムは、非官僚的で参加型の「コミュニタリアン社会主義」を擁護した。彼はまちがいなく、フランクフルト学派が輩出したなかでも傑出した美文家であり、最も明晰な書き手でもあった。フロムは一九四〇年に最終的に研究所と決裂した。彼の人気にたいする研究所のインナー・サークルの嫉妬があったことは明らかだが、政治と哲学の面でしかるべき食い違いがあったことも事実である。フロムは晩年に至るまで、研究所でのかつての同僚とほとんど交流を持たなかった。しかしながら、フランクフルト学派のメンバーなら誰しもそうであったように、エーリッヒ・フロムは、具体的契機、ヒューマニズムの精神、批判理論の持つ変容《トランスフォーメーション》という目的に忠実でありつづけたのだった。

ヘルベルト・マルクーゼだけが唯一ニュー・レフトへの知的影響力に関してフロムと真の意味で張り合っていた。マルクーゼの政治遍歴は、一九四一年から一九五〇年代までの戦略諜報局との関係——そこでマルクーゼはアメリカの西ヨーロッパ政策を形作るうえで重要かつ革新的な役割を演じた——を越えて、一九一八年から一九年にかけてのスパルタクス団蜂起に参加した青年期にまでさかのぼる。彼の初期論文が腐心していたのは、史的唯物論と「歴史性」、すなわち、個人が社会的現実を経験する際に媒介となる現象学的構造を結びつけることだった。『ヘーゲル存在論と歴史性の理論』（一九三二）は同様の問題意識にあふれており、当時ヨーロッパで高まりつつあったヘーゲル・ルネサンスに貢献した。その一方、『理性と革命』（一九四一）では、批判理論と大思想家ヘーゲルの関連性について先駆的な解釈を提出した。マルクーゼは多数の素晴らしい評論集の著者でもあった。マルクーゼは芸術が開示するユートピア的潜勢力《ポテンシャル》をつねに認識しつつ、それでいて、抵抗《レジスタンス》の実践形態のことも念頭に置き続け、既存の秩序との決裂を思い描いていた。にもかかわらず、彼の思弁的な試みを補完したのは、様々な社会学的研究や政治研究だった。

一九三三年に社会研究所に加わった後、マルクーゼは、自由主義《リベラル》国家、独占資本主義とファシズムの繋がり、共産主義の変質を問い質していった。後年の仕事は、先進産業社会の疎外に対応する新たな社会運動の役割を先取りしていた。一九六八年における社会変化の見通しについては楽観的だったが、それに続く保守反動を思い描いてもいた。幸福な意識《ハッピー・コンシャスネス》、抑圧的脱昇華《リプレッシブ・ディサブリメーション》、大いなる拒絶《グレート・リフューザル》のような諸概念はすべて彼が普及させたものである。アメリカに実質的に批判理論をもたらしたのはマルクーゼの代表作『一次元的人間』（一九六四）であり、そこでの引用を通して、フランクフルト学派を数多くの若き知識人たちに紹介した。マルクーゼ本人によれば、彼はつねに史的唯物論の伝統のなかで仕事をしていたと言う。しかし研究方法に関しては柔軟で、文化変容《カルチュラル・トランスフォーメーション》の預言者だった。アメリカや世界各国のラディカルな若者世代にとって、ヘルベルト・マルクーゼは、批判理論のラディカルな政治的契機を体現していた。

ヴァルター・ベンヤミンは、マルクーゼとは対照的に、アメリカではずっと無名の存在だった。この状態は、傑出した政治理論家ハンナ・アーレントが「ニューヨーカー」誌でベンヤミンのことを詳細に描き上げ、『イルミネーションズ』（一九六九）という素晴らしいアンソロジーを編集するまで続いた。それ以後ベンヤミンは、不気味なほどの眼識と明察を備えた唯一無二の思想家として祭り上げられていった。『リフレクションズ』（一九八六）という別のアンソロジーがそうした評価に拍車をかけた。ベンヤミンの著作は多岐にわたっている。『一方通行路』（一九二八）、『ベルリンの幼年時代』（一九五〇）——もともとは一九三〇年代に新聞記事として掲載された——といった愛すべき自伝的作品から、『ドイツ悲劇の根源』（一九二八）と題された難解なバロック研究、未完に終わった『パサージュ論』（一九八二）——数千の引用からなり、近代《モダニティ》を理解するための紛うことなき鏡の間が提示されていた——がある。一九七〇年代後半のアメリカでは、ポストモダニズムやその他の哲学的主観主義が新たな人気を博していたが、それと相まって、ベンヤミンの名声はたちまち桁外れのレベルに達した。ベンヤミンについての研究叢書が刊行され、『ベンヤミン選集』のほとんどの巻がアカデミズム界隈でベストセラーになっている。

　ベンヤミンもまた裕福なユダヤ人家族の子弟である。ベルリン生まれで、一九一九年にベルン大学から博士号を取得した。そして漂泊する物書きとなり、いちども定職を持たなかった。ベンヤミンが体現していたのは夢想家《ルフトメンシュ》——自身の想像力で世界の彼方に引き上げられた世事には疎い人間——だというのには一理ある。彼の著作を特徴づけていたのは、言語の代替的性格や記憶の性質への関心であり、食べること、物語を語ること、本を集めることのようなありふれたものとしか思えない日常生活の経験への関心だった。これらの関心事はすべて、より広範な社会的動向に光明を投じる、とベンヤミンは信じていた。彼の書いたあからさまに政治的な文章は感興に乏しく、同時代の記念碑的出来事についてほとんど洞察を与えない。一九二六年から二七年にかけて書かれたモスクワ日記が良い例だ。しかし、シャルル・ボードレールの詩、J・W・フォン・ゲーテの『親和力』、またはフランツ・カフカやマルセル・プルーストの小説についての研究となると話は別である。建築、写真、ロマン主義、翻訳についての論文もだ。魅惑的で挑発的なベンヤミンの論考は、近代《モダニティ》が個人の経験や日常生活に与えた美学的インパクトを探究している。

伝説的なユダヤ神秘主義学者となった幼友達のゲルショム・ショーレムと、マルクス主義劇作家ベルトルト・ブレヒトの二人の影響のなかでベンヤミンが試みたのは、メシア的展望を、史的唯物論にたいして高まりつつあった関心となったものと融合させることだった。ベンヤミンは科学的社会主義の宿命論に反発し、階級なき社会《クラスレス・ソサエティ》を到達不可能な目標に変えてしまうことに軽蔑を露わにした。ベンヤミンの関心は、現実の形而上学的な経験をいまいちど取り戻すこと、究極的には、実現されてはいない歴史のユートピア的可能性を取り戻すことにあった。そうした企てを悩ましいものにしたのは、解放を阻む障壁や、自身の全体的な展望に埋め込まれていた不整合や互いに相容れない前提を、理路整然と表現する能力の欠如である。だが、ヴァルター・ベンヤミンがとくにボヘミアンでラディカルな若き知識人をインスパイアし、フラストレーションを募らせ、教育し続けていることについては、ほとんど疑問の余地がない。彼の著作は「廃墟《ルーインズ》」の時代における流浪《エグザイル》を生々しく描き出しているし、ナチのフランス侵攻からの逃避行中、一九四〇年に四十八歳で悲劇的な自死を遂げたことは、彼の人生にとりわけドラマティックな刻印を押している。

ヴァルター・ベンヤミンの教え子と言えるのはただひとり、テオドール・W・アドルノである。アドルノはフランクフルト学派の学際性という理想、ヨーロッパ知識人というイメージの体現者だった。何でも知っているだけでなく、他の誰よりよく知っているようだった。アドルノもまたブルジョワ家庭の子弟だったが、父はユダヤ人、母はイタリア人で、一九二四年に博士号を取得した。大作曲家アルバン・ベルクのもとで学んだ経験を持ち、アルノルト・シェーンベルクの影響を強く受けた音楽学者であり、一九二〇年代から三〇年代のあいだは音楽雑誌を編集し、後には『ファウスト博士』（一九四七）の音楽理論に関する箇所についてトーマス・マンに助言を与えた。それに続くのが、ルートヴィヒ・ヴァン・ベートーヴェン、リヒャルト・ヴァーグナー、グスタフ・マーラーのような大作曲家の解釈であり、『新音楽の哲学』（一九四九）という古典的名著もある。

アドルノは文学や詩についての鋭敏な批評家でもあったし、まずまちがいなく、当代きっての最も眩惑的な哲学的精神の持ち主だった。アドルノは否定弁証法という考えに傾倒し、システムや伝統的な物語《ナラティヴ》解釈には例外なく深い疑いの眼差しを向けた。アドルノが目論んだのは、文明に内在する欠陥性をはっきりと描き出しつつ、個人と集団を同一化しようとする試みをことごとく退けることだった。

アドルノはこれらの主題を彼独自の包括的な哲学物語《ナラティヴ》に織り込んだ。しかし彼は、経験的調査に関わってもいた。ラジオやテレビについての研究は、大半の人間が単なる娯楽に過ぎないと見なしたもののイデオロギー的インパクトを克明に描き出しており、近代社会の権威主義的で順応的な傾向についての著作を補完していた。それにアドルノは正真正銘のエッセイの大家だった。「大衆音楽について」（一九三二）は商品形態がジャンルに与えるインパクトを論証したし、ベケット、カフカ、プルーストについての洞察豊かで画期的な解釈から明らかなように、経験を反省的《リフレクティヴ》に理解することにかけて、並外れて広い関心を持っていた。

　アドルノは時おり政治問題を扱った。しかし大衆運動にはつねに恐れを抱いていた。否定《ネゲーション》はそれ自体として価値あるものになっていたし、アドルノは、個人と社会のあいだの「非《ノン》同一性《アイデンティティ》」を確保することを抵抗《レジスタンス》と同一視した。批判理論の現代的理解に与えたアドルノの影響は群を抜いている。自由の微かな煌めきに捧げられた批判理論の譲歩なき誓約《コミットメント》を、アドルノ以上に見事に体現している思想家はいない。

　ユルゲン・ハーバーマスについて何も言わずにすませるわけにはいかない。ハーバーマスはホルクハイマーとアドルノの教え子のなかで最も抜きん出た存在であり、フランクフルト学派と関係を持った思想家のなかで最も多作な書き手となった。彼の著作は、宗教を含め、社会生活のあらゆる相を網羅しており、彼の論文は哲学の正典《キャノン》の解釈に留まらず、時事問題の論評にまで及んでいる。しかしながら、初期の仕事が批判理論に重要な貢献をしたとしたら、その後の知的行路から最終的に導かれたものは、それとは異なるいくつかの新たな方向だった。

ハーバーマスは他のフランクフルト学派のメンバーと違い、ナチズムのもとで成長したが、その体験は、法の支配と自由民主主義にたいする深い信念を彼に残した。それに加えて、言説の操作や「歪曲なきコミュニケーション」にたいする彼の関心を特徴づけてもいた。これらの主題が彼の全著作を貫いている。一九六〇年代の学生運動における重要人物ではあったが、過激派とは全面的に距離を置いていた。初期の著作は、史的唯物論、制度的正統性、理論と実践の関係を批判的に熟考している。後年の著作はそれと対照的に、分析哲学との絡み合いを深めていく。そこでハーバーマスが力説するのは、主張を基礎づけ、系統的議論を定式化し、自然と科学の存在論的な性格づけを提出する必要性である。ハーバーマスの後年の著作がどこまで批判理論と断絶しているかについては、まだ議論が続いている。さらに言えば、そこを判断するには、批判理論の根源的《オリジナル》な営為に生命を与えていた衝動を詳しく調べてみなければならない。

第二章　方法の問題

フランクフルト学派は西欧マルクス主義の提出した知的枠組み――歴史《ヒストリー》、行為体《エージェンシー》、弁証法的《ダイアレクティカル・》方法《メソッド》に強調を置く枠組み――からインスピレーションを受けた。ルカーチ・ジェルジュ、カール・コルシュ、アントニオ・グラムシが、この潮流を代表する主導的存在だった。エルンスト・ブロッホなどにも当てはまることだが、彼らの思考が反映していたのは、一九一七年のボルシェヴィキ革命や、それに続いた一九一八年から二三年にかけてのヨーロッパでの蜂起を駆り立てた解放の要素《エレメント》である。西欧マルクス主義者たちは、資本主義の維持においてイデオロギーが果たす役割、資本主義の転覆において階級意識が帯びる決定的な性格に力点を置いた。それに加えて強調されたのは、史的唯物論に代わる哲学的観念論という遺産であり、ヘーゲルとマルクスの繋がりだった。

テクストの正統性や史的唯物論の固定性を論じても仕方ない、と西欧マルクス主義者たちは考えていた。「正統派マルクス主義とは、マルクスの研究成果を無批判的に受け入れることを意味するものではない」とルカーチは『歴史と階級意識』で述べた。「むしろ、マルクス主義における正統性とは、もっぱらその方法にかかわることなのである」〔『ルカーチ著作集』九巻、一二三頁、訳文を一部改変〕。変わりゆく時代の変わりゆく必要性に応えるために、理論が変わらなければならない。ルカーチとその賛同者たちはそう力説した。別の言い方をするなら、階級意識の性格を決定するのは歴史であり、出来合いの経済的説明に頼ってはならない、ということである。西欧マルクス主義者たちは「科学的」社会主義にまつわる確実性や必然性を拒絶し、資本主義経済を変容させることで満足してしまうのではなく、「疎外《エイリエネーション》」と「物象化《リイフィケーション》」を廃絶することのほうに特別な重要性を与えた。西欧マルクス主義者たちは、歴史や文脈をつねに考慮に入れた社会研究を、固定的で定式的な自然研究と峻別したし、まさにこの前提から批判理論が始まるのである。マルクス主義の「西欧的」異型《ヴァリアント》は、プロレタリアに力を与える《エンパワーメント》というヴィジョンによって特徴づけられた柔軟な方法がマルクス主義であると力説しながら、自らを、ブロッホが「アングラな革命史」と名づけたものと重ね合わせたのだった。

人間解放《ヒューマン・エマンシペーション》がマルクス主義の目的となった。そしてこの批判的含意はいまや、資本主義社会ばかりか、ソヴィエト連邦のような権威主義的国家にもますます当てはまるようになっていった。アントニオ・グラムシが『獄中ノート』（一九七一年に死後出版された）で用いて有名となった言葉を使うなら、ヘゲモニーのありとあらゆる形態にたいして異議を申し立てることを、西欧マルクス主義者たちは目論んだのである。グラムシはイタリア共産党の創設メンバーのひとりで、ベニート・ムッソリーニの手にかかって獄中で衰え、命を落とすことになった。

グラムシがフランクフルト学派に与えた影響は大きいものではないが、彼の著作は西欧マルクス主義をくっきりと浮き彫りにする。

グラムシの根本的な関心は、市民社会《シヴィル・ソサエティ》、その非経済的な制度、そしてその指導観念にあった。彼が力点を置いたのは、支配的地位にある文化が被治者の側に従属の習慣を作り出すありさまである。ヘゲモニー対抗戦略には、労働者階級をエンパワーすること、新たな市民的制度機関を通じて、市民が自らを管理運営する能力を強化することが必要だ、とグラムシは主張した。そうした戦略が要求したのは、上からの組織でも、大衆と乖離した硬直的な前衛党による組織でもなく、むしろ、プロレタリアと弁証法的に結ばれた有機的知識人《オーガニック・インテレクチュアル》の実践的活動によるものだった。

西欧マルクス主義者たちはこの基本的見地を共有していた。史的唯物論を、記述的《ディスクリプティヴ》というより規制的《プロスクリプティヴ》なものであるべきだとする実践の理論《セオリー・オブ・プラクティス》と解釈する点で、彼らは一致していた。彼らが重要だと見なしたのは、変容の行動《トランスフォーマティヴ・アクション》のために、変わりゆく状況や前提条件を明らかにすることだった。そのようなスタンスは、マルクス主義者があれこれの観念やカテゴリーをある時代から別の時代に機械的なやり方で持ち越すことを反則行為とした。別の言い方をするなら、西欧マルクス主義者たちは、自らの歴史的性格を開示せよと史的唯物論に迫ったのである。

カール・コルシュは『マルクス主義と哲学』でこの見解に重要な貢献をした。コルシュの知名度は西欧マルクス主義の代表者のなかで明らかに低い。コルシュはイデオロギーを、経済の何かしらの反映とするより、行動にインパクトを与える生きられた経験と解釈した。被搾取者のエンパワーメントは、意識、教育、実際の経験にかかっていた。コルシュはロシア革命によってラディカルに転じ、ソヴィエトや労働者評議会の自発的増加にインスピレーションを受け、『社会化とは何か』（一九一九）と題された小冊子のなかでラディカルな経済的民主主義の青写真を提出した。一九二〇年にドイツ共産党（ＫＰＤ）に加わり、一九二三年のプロレタリア蜂起の際はテューリンゲンで法務大臣に就任し、一九二六年にコミンテルンから追放された後は、組織に属さないホームレス的極左知識人たちの重要な影響源となった。

『唯物論的歴史把握』（一九二九）は科学的マルクス主義理解にたいする全面攻撃だった。プロレタリアのエンパワーメントの必要性にたいする信念を、コルシュは決して曲げようとはしなかった。生前に刊行された最後の本になる『カール・マルクス』（一九三八）は素晴らしい知的伝記である。コルシュはどんな観念も反動的な目的のために解釈されうると力説し、共産主義革命の実践をその理念に従わせることを望んだ。彼が強調したのは、「歴史的特定化《ヒストリカル・スペシフィケーション》」の方法論的重要性である。マルクス主義はその他の哲学とまったく同じように扱われた。どの時代のマルクス主義であれ、その性格や営みは、歴史的文脈がもたらした組織的な利害関係、制約、行動のための機会という観点から理解された。マルクス主義はもはや、公式の教義としても、超越論的主張を備えた不変のシステムとしても、役に立たなかった。マルクス主義もまた操作に開かれていた、それはつまり、批判に開かれていた、ということであった。

ホルクハイマーの一九三七年の論文「伝統的理論と批判的理論」はこうした見解に立脚していた。ホルクハイマーの関心は軽んじられている自由の諸相を鮮やかに描き出すことにあった。現実の歴史的構成性を力説し、プロレタリアが果たすべき解放の使命についてはすでに懐疑的だった。ホルクハイマーは、批判理論を、主流の哲学パラダイムにたいするオルタナティヴとして構想した。批判理論以外の思想形態は既存の秩序を肯定していると見なされた。自らを中立的で客観的だと喧伝しようと、自身の歴史的構成性や、自身に取って代わるオルタナティヴの可能性を無視しているかぎり――意識的にそうしているのであれ、無意識的にそうなっているのであれ――そうした思想形態は既存の秩序の働きを正当化していると見なされたのである。

従って、伝統的理論は、その擁護者が信じがちなほどには中立的でも反省的でもなかった。哲学的言説のなかには社会的利害が隠れており、まさにそうであるがゆえに、既存の確立されたアプローチを手放せばそれで単純に片が付くわけではなかった。競合する哲学的見地がともに依拠している前提が、既存の秩序の価値観に毒されているありさまを示すには、内在的批判が必要だった。

ホルクハイマーは「唯物論と形而上学」(一九三三)という独創的な論文で、これらの観点から、主流派哲学の二つの著名な潮流とすでに対峙していた。実証主義という形態やその派生型をとる唯物論が糾弾された。自然科学に由来するカテゴリーや基準を使って社会を分析する一方で、主観性や倫理的関心を捨て去っていたからである。形而上学はそれと対照的な理由で酷評された。哲学にとって物質的世界が持つ重要性を無視し、カントが「実践理性」と名づけたものやハイデガーが現象学と理解したものを経由することで、究極的には直観的でしかない道徳判断に個人が耽溺することを可能にする普遍的指針を採用していたからである。

対立しているように見える実証主義と形而上学という哲学的見地を、ホルクハイマーは、同じコインの裏表であると見なした。それぞれが、対立する相手方によって機械的に定義される。だが、哲学的基盤、現実を解釈するための不変のカテゴリー、経験や真実主張を検証するための固定的な概念にたいして観想的に没入する点で、両者は軌を一にしているのである。確かに、科学的合理性のほうが有害だとフランクフルト学派は考えていた。だがしかし、学派のメンバーたちはもともと実証主義と形而上学の両方を厳しく非難していた。実証主義も形而上学も、批判的省察《クリティカル・レフレクション》、歴史《ヒストリー》、ユートピア的想像力《イマジネーション》に目を向けようとしなかったからだ。

批判理論は、解放の欲望によって焚きつけられた、社会についての一般理論《ジェネラル・セオリー・オブ・ソサエティ》として意図されたものである。新たな社会状況がラディカルな実践のための新たな観念や問題を生み出し、解放の内実が変わるのに合わせて、批判的方法の性質も変化するだろう、と批判理論の実践者たちは理解していた。こうして、実践の文脈を強調することが、フランクフルト学派の新たな学際的アプローチの中核となった。学派のメンバーたちはここから、事実《ファクト》と価値《バリュー》のあいだの伝統的切断を退ける方向に導かれていった。

　批判理論は、事実《ファクト》を、現実の抜粋的描写というよりも、社会行動が結晶化した歴史的生産物として扱うことになる。批判理論が目指したのは、事実《ファクト》が意味を帯びる価値《バリュー》の充満した文脈のなかで、事実《ファクト》を、理解することだった。ルカーチはすでに史的唯物論の中心に全体性《トータリティ》というカテゴリーを据えていた。それはマルクスが「社会諸関係の総体《アンサンブル》」と名づけたものである。全体性《トータリティ》は様々な契機《モメント》によって構成され、そこで経済は、国家や、文化的領域――これ自体、宗教、芸術、哲学に分割されうる――といったもののなかで、ひとつの契機《モメント》をなすにすぎないと見なされた。契機《モメント》の一つひとつが全体性《トータリティ》によって形作られてはいる。しかし、ヘーゲルの述べたことを繰り返すなら、それぞれの契機《モメント》に独自の力《ダイナミック》があり、それゆえ、現実の変容《トランスフォーメーション》を目論む行為体《エージェント》（たとえば労働階級）の実践にインパクトを与えるとも言える。こういうわけで、どの契機《モメント》もおろそかにはできないのである。

　フロムは「精神分析と社会学」（一九二九）や「政治と精神分析」（一九三〇）でこの考え方を出発点とした。これら二つの初期論文が注目したのは、自我の組織化に社会が与えるインパクトであり、心的装置がいかにしてイデオロギーの発展に影響を及ぼすかであり、心理学は非人間的条件と政治的に向き合うことにどこまで手を貸せるのかであった。フロムはそれに加えて、心理的態度がいかにして個人と社会の関係を媒介するかを示そうとした。

　最もよく知られたフロムの著書『自由からの逃走』は、資本主義社会の生み出した市場的性格を分析し、そのサド・マゾ的変異体《ヴァリアント》をワイマール共和国の文化的危機に特有の反応と見なした。この著作には、自らをリーダーと完全に同一視したがる欲望を作り出した近代生活の疎外化衝動への言及があった。しかし彼の唯物論的心理学は、一九二〇年代後半の時点で、「ワイマール・ドイツにおける労働者階級」――この大部の経験的調査が対象としたのは、伝統的態度、家族関係、社会生活が革命的階級意識に与える衰退化の影響だった――ですでに表面化していた。

批判理論が、イデオロギーとその実際的インパクトへの関心を甦らせた。『歴史と階級意識』が証明したのは、ブルジョワ的思考の偉大な体現者たちでさえ、意識せざる階級的立場が妨げとなって、疎外や物象化の社会的要因を論じることができなくなっていくありさまだった。その一方、コルシュは、どのマルクス主義も歴史のある特定の時点における労働運動の進展との関係のなかで考える必要があると主張した。フランクフルト学派は後に、大衆文化、国家、反動的な性習俗、そして哲学でさえも、それらが意識に与える効果を念頭におきながら分析していくことになる。日常生活のなかの人工物が社会の性質やある時代の文化的潮流を照らし出すありさまを強調することは、学派のメンバーやその同僚たちにとってとりわけ興味を惹くものであることが、すぐに明らかになった。批判理論が目指したのは、若きマルクスの指令を遂行し、「存在するものすべての仮借なき批判《ルースレス・クリティーク》」にコミットすることだった。その代表的な主導者たちは次のように力説した。全体《ホール》は特殊《パーティキュラー》のなかに見出されうるし、特殊《パーティキュラー》は全体《ホール》を反映する。

たとえば、ジークフリート・クラカウアーの「大衆の装飾」（一九二七）で特筆されたのは、「ティラー・ガールズ」という名で知られるダンス・カンパニー――ラジオシティー・ミュージックホールの「ザ・ロケッツ」を先取りするグループ――の幾何学的な振付パターンや隅々まで計算された動きが、大衆社会における観衆《オーディエンス》の統制や個体性の喪失を反映するありさまだった。

2　「ティラー・ガールズ」は厳密に振り付けられた幾何学的パターンを踊った。それは高まりつつある近代社会の管理や標準化を反映しているようだった。

クラカウアーはベンヤミンやアドルノの親しい友人で、フランクフルト学派との関係はゆるやかなものだった。自ら「社会的伝記《ソーシャル・バイオグラフィー》」と名づけた『天国と地獄――ジャック・オッフェンバックと同時代のパリ』（一九三七）を執筆し、反ファシズムの人民戦線を視野に入れつつ、この大作曲家の音楽を一八三二年の六月暴動の文脈に据えた。その一方で、古典的名著『カリガリからヒットラーまで』（一九四七）は、ナチ的主題が加速度的にワイマール共和国時代のドイツ映画に浸透していく様子を明証している。

他の思想家たちがこれに続いた。ヴァルター・ベンヤミンの「物語作者」（一九三六）は、口承伝統の腐食と歴史経験の絶滅危機性を、近代社会における芸術複製の新たな技術的可能性と絡めて論じた。テオドール・W・アドルノの「抒情詩と社会」（一九五七）は、外在的な力から隔絶していると考えられがちな詩というジャンルにイデオロギー的残滓があるという解釈に先鞭をつけた。レオ・レーヴェンタールは『文学と大衆文化』（一九八四年出版）と題された論文集のなかで似たような路線を採り、映画スターのあいだで進行中の個性の欠如を、増大する商品形態の力の反映と見た。それに加えて『文学と人間のイメージ』（一九八六年出版）では、主要な文学的キャラクターを媒介にして、ブルジョワ的心性の出現についてエレガントな社会学的研究を行っていた。

　これらの仕事が総じて示しているのは、知識社会学の影響である。その指導的人物であるカール・マンハイムは社会研究所でゼミを受け持っていた。主著『イデオロギーとユートピア』（一九三一）が論じたのは、ある特定の社会集団や階級の利害を本質的なところで反映しているかぎり、最も普遍的でユートピア的な思考法でさえイデオロギー的であるという点だった。（ルカーチから深く影響を受けてもいた）マンハイムによれば、「自由に浮動する知識人《フリー・フローティング・インテリゲンチャ》」のみが全体性を把握できるのである。

　ホルクハイマーは「哲学の社会的機能」（一九三九）でこれらを総括した。ホルクハイマーは哲学を機械的に社会学に還元することに反対だった。しかし、重要なことに、自由に浮動する知識人という概念と正面から対峙することは避けたのである。これは当然のことではあった。ホルクハイマーは研究所の政治的独立を誇りに思っていた。それに、彼の主張によれば、あれこれの概念がどのようにある特定の社会的利害を表現しているかを判断するために、イデオロギー批判は思弁的規範を採用するのだった。イデオロギー批判は、ある文化的現象がいかにして既存の秩序を正当化するか、いかにして搾取と不幸を廃絶することに異議を唱えるかという両面から、その文化的現象に評価を下すのである。

　批判理論は、「変容の意図《トランスフォーマティヴ・インテント》」がプラスされた知識社会学の一種を提示しているのだと理解することができる。マルクスの理解していたところによれば、資本主義とは、労働者階級が富（ないしは資本）の生産者として奉仕する経済体系である。まさにそれゆえに、プロレタリアが、システムを変容《トランスフォーム》できる唯一の力となる。しかしながら、マルクスとエンゲルスが『共産党宣言』（一八四八）で力説したのは、支配階級の一部が自らの階級から離脱し、虐げられる者たちの闘いに加わる場合のみ、革命は可能であるという点だった。労働者階級が資本主義に絡めとられ、物質的窮状が労働者階級の意識の発育を阻害しているかぎり、資本主義の体系的批判や、自らの革命的可能性にたいする意識をプロレタリアにもたらすために、ブルジョワ知識人が必要なのである。レーニンはここからラディカルな含意を引き出した。

　フランクフルト学派は一九三〇年代のあいだ共産主義に好意的だった。メンバーたちはまだ技術的合理性を徹底的に批判してはいなかった。道具的理性の支配は資本主義的な社会関係の表出にすぎないと論じるだけで満足していたのである。しかしながら、共産主義が全体主義に転じていくと、フランクフルト学派は幻滅し、物象化プロセス批判が激しさを増した。第二次世界大戦を世に解き放った一九三九年のヒトラーとスターリンの独ソ不可侵条約がダメ押しとなった。実践が理論を裏切ったのである。史的唯物論の目的論的主張は、いまや、観念論の倫理的命法と同じくらい不毛に思われた。社会変容はもはや争点にならなかった。全体主義によって、個体性の保護が批判理論の主要な関心事に変わった。

残酷さにたいする侮蔑と、正しい生を生きたいという欲望が、批判理論の知的奮闘に活気を与えた。学派メンバーの誰もが、単に社会的不正を廃絶するだけではなく、心理的、文化的、人類的《アンソロポロジカル》な不幸の源泉を廃絶することに、明らかな関心を示した。この営為の知的支柱は膨大な数に上る典拠から引き出されている。異なった思想家たちの洞察を史的唯物論の枠組みに取り入れようという試みにおいて、フランクフルト学派は大胆だった。メンバーたちはフロイトに注目した。フロイトのメタ心理学《サイコロジー》が彼らの文明批判を補強してくれるかもしれなかったからでもあれば、フロイトの臨床研究《クリニカル・ワーク》から引き出される洞察のためでもあった。それに加えて、同世代の思想家たちがそうであったように、フランクフルト学派の主導者たちはニーチェに触発されてもいた。ニーチェが主観性の復活を説き、「遠近法的《パースペクティヴ》」アプローチを採り、モダニズムに寄与し、文化俗物にたいして猛烈な批判を加えていたからである。フランクフルト学派は、フロイトやニーチェといった思想家たちに助けられて、自らの哲学的文化的見地を深化させていくことになる。これらの思想家たちの見解が、すでに出来上がっていた史的唯物論のシステムと論理的に整合するかどうかは、微々たる問題だった。

現にヴァルター・ベンヤミンは、マルクス主義の革命にたいするコミットメントを神学用語の枠にはめることで、マルクス主義を作り直そうとした。死の直前に書かれた「歴史哲学テーゼ」によれば、メシアはいついかなる時にも立ち現れうる。豊饒な「今という時《ナウ＝タイム》 Jetztzeit」の可能性を前にして、差し迫った事情や制約は道を譲る。革命は黙示論的な「開かれた歴史の空への跳躍」となる。これらが一体全体どう成し遂げられうるのかについての指示はないし、それどころか、具体的に何がほのめかされているのかすら定かではない。象徴《シンボル》が現実《リアリティ》に勝る。想像力《イマジネーション》が奔放になる。忘却された歴史の契機を贖うことが、いまや、批判の目的となる。ベンヤミンの思い描いた歴史は、「瓦礫のうえに瓦礫を積み重ねていくひとつの破局《カタストロフ》」だった。メシア的唯物論という立脚点を採ることによってのみ、破局の破片は救済《リデンプション》に開かれる。

友人であるベンヤミンのことを「世俗の王国に置き去りにされた神学者」と呼んだとき、ゲルショム・ショーレムは的を射ていた。ベンヤミンによる研究でいまなお生き残っているのは、系統立った方法というよりも、経験の神学的奪還と、史的唯物論の革命的核心とを混ぜ合わせようという、うまくいくはずのない試みのほうである。ベンヤミンはしばしばモダニズムのテクニックを利用した。そして、表現主義やシュルレアリスムのみならず、ロマン主義やバロック芸術も行った主観性の強調からインスピレーションを受けていた。「最良《ベスト》のものを決して忘れるな」という指令は、「歴史を逆なでにする」という欲望と対になっていた。打ち捨てられた断片が啓示するのは、いつ起こってもおかしくない――もしくは、はるかにありえそうなことだが、決して起こることのない――未規定の偉大さの、黙示論的救済の可能性である。

日常生活《エヴリデイ・ライフ》がユートピアの素材《マテリアル》となる。予め決められたプランや普遍的概念の組み合わせは、どんなものであれ、ユートピアを確定するには不充分である。ユートピアは、ベンヤミンが歴史の「がらくた」と呼んだもの――忘れられた大通りの外観、郵便切手、児童文学、食事、蔵書蒐集、ハシッシュの多幸感、革命家たちの記憶――を再構成しようという想像力ゆたかな意志から引き出される。一七八九年のラディカルな街頭の闘士たちを、はるか頭上の塔にはめ込まれた時計を砲撃するよう仕向けた「革命的陶酔」のたぐいを生み出すには、モンタージュと意識の流れの技法が最適だった。未来の救済という光のなかで、現実は、その面差しを変化させる。想像的意志《イマジナティヴ・ウィル》――それは起源にさかのぼれば神学的なものである――は歴史の唯物論的制約を粉々にする。時のなかの契機《モメント》の一つひとつ、瞬間《モメント》の一つひとつが扉であり、そこを潜り抜けメシアが世に現れ出るかもしれない。

問題は、どうやってその扉を開くのがベストか、である。最良《ベスト》のものを思い出すことは、「アレゴリーと言語の関係は、廃墟と事物の関係と同じである」という前提に基づく解釈学的なものにほかならないアプローチを必要とする。文明がほのめかすのは、ユートピアが救うはずのものの痕跡《トレース》にすぎない。これはパウル・クレーの有名な絵画『新しい天使』（一九二〇）と軌を一にしている。クレーの絵画において、歴史の天使の顔は過去のほうを向いているが、にもかかわらず、未来に押し流されている。ベンヤミンはこの絵の所有者であり、自慢の一枚だった。この絵は最終的に左翼の偶像《イコン》となった。ベンヤミンは「歴史哲学テーゼ」のなかでこの天使を次のように記述している。

> 彼は顔を過去の方に向けている。私たちの眼には出来事の連鎖が立ち現れてくるところに、彼はただひとつ、破局《カタストローフ》だけを見るのだ。その破局はひっきりなしに瓦礫のうえに瓦礫を積み重ねて、それを彼の足元に投げつけている。きっと彼は、なろうことならそこにとどまり、死者たちを目覚めさせ、破壊されたものを寄せ集めて繋ぎ合わせたいのだろう。ところが楽園から嵐が吹きつけていて、それが彼の翼にはらまれ、あまりの激しさに天使はもはや翼を閉じることができない。この嵐が彼を、背を向けている未来の方へ引き留めがたく押し流してゆき、その間にも彼の眼前では、瓦礫の山が積み上がって天にも届かんばかりである。私たちが進歩と呼んでいるもの、それがこの嵐なのだ。
>
> (『ベンヤミン・コレクション1』、六五三頁)

救済がいまやユートピアへの鍵である。批判は廃墟をくまなく探索し、想像力をスパークさせ、ごみ屑を用い、歴史が忘却するものを思い出す。全体性はいまや退き、並置された経験的事実の「星座《コンステレーション》」がそれに代わって現れ出る。星座はある特定の主題や概念を生き生きと描き出す。しかしその主題や概念のために、読み手のほうが、つねに変わりゆく繋がりや解釈を提出しなければならない。未完のまま残されたベンヤミンの遺著『パサージュ論』が表出するのは、こうした見地である。数千に及ぶ引用を注釈なしに提示することで「近代《モダニティ》の原史《ウル・ヒストリー》」を示そうという試みが映し出すのは、断片で構成され、読者の欲望を見据えて動き続ける視線を備えた、超越的物語である。これらの引用は経験的な「地平《ホライゾン》」のなかに据えられており、外在的なカテゴリーの押しつけを免れているように思われる。そのような断片が、一大モンタージュを形作るのである。完全に管理された社会による思想の標準化が思想の定式化によってなされるとしたら、シンプルな物語形式に救済が見出されることはありえない。アフォリズムないしは断片《フラグメント》だけが、ユートピアの一瞬の現れが描き出されうる儚い瞬間を可能にする。媒介された全体性は降参する。それに代わって、批判理論の組織化原理として好まれるのは、個別に構造化された星座《インディヴィデュアリー・ストラクチャード・コンステレーション》である。

アドルノの一九三一年のフランクフルト大学私講師就任講義「哲学のアクチュアリティ」は、この原理を用いて、全体化を志向するヘーゲルとマルクスの見地に挑んでいた。星座は、披露されているものについて誰も異議を差し挟まないような構造化された物語も、包括的な論理も、提示することはない。読み手の一人ひとりが、あたかもコラージュやシュルレアリスム絵画を見ているかのように、自分なりの解釈の刻印を断片に刻むことができる。未完の『パサージュ論』は星座を結晶化《クリスタル》している。ベンヤミンの近代《モダニティ》解釈は、統合されているように見える世界――しかし実際は断絶と非一貫性に支配されている世界――について理性が抱く思い込みに異議を申し立てる。

　批判理論の焦点が移動する。批判理論の目標はいまや、慣れ親しんだ知性のまどろみから個人を目覚めさせることである。主観性《サブジェクティヴィティ》はもはや、いかなるカテゴリーとも同一視されないし、そのように定義できるものでもない。たとえばアドルノが『本来性という隠語』（一九六四）で力説するのは、実存主義的現象学でさえ経験を標準化しており、存在論的に構造化された直観――とりわけ死の経験や死そのものと関係づけられるたぐいの直観――は個体性《インディヴィデュアリティ》を個体化《インディヴィデュエーション》で代用している、という点である。経験を批判的省察から引き離せば、イデオロギーのためのスペースが空き、アドルノが「虚偽状態の存在論」と名づけたものに抵抗する能力の弱体化を招く。しかし、システム、論理《ロジック》、物語《ナラティヴ》にたいするベンヤミンとアドルノの攻撃には代償がある。倫理的、政治的判断を下すための基準を生み出す能力が足元から切り崩されてしまい、その結果、批判理論は相対主義に転落する危機にさらされる。

　ユルゲン・ハーバーマスが『近代の哲学的ディスクルス』（一九八七）で試みたのは、これらの哲学的問題に立ち向かうことだった。彼は自由に浮動する抵抗的主観性に強調を置くことに疑義に呈し、真の意味で批判的社会理論《クリティカル・セオリー・オブ・ソサエティ》には明確な基盤が必要だと力説した。相互性、反省性、普遍性を基礎づけるために、言語構造――またはコミュニケーション活動――に依拠したほうがよい、というのである。しかし、この批判形態は体制順応的な哲学形態に歩み寄り過ぎる。分析に関する事柄にはまりこみ、身動きが取れなくなる。

マックス・ウェーバーは、批判理論全体、とりわけフランクフルト学派に最重要の影響を与えた人物のひとりである。ウェーバーは自らの方法を十全に解説した著作を残さなかったし、彼の方法の性質をめぐる議論は今も続いている。しかしながら、実際的な事物を形而上学的な言葉で扱うことにたいしてウェーバーが抱いていた健全な懐疑《ヘルシー・スケプティシズム》は、ポスト形而上学的と目される現代において批判理論を形成してきた美学的、哲学的没頭にたいする有効な矯正策として役に立つ。理論がなければ解放の実践は方向性を失うかもしれない。にもかかわらず、マックス・ウェーバーが晩年に次のように述べたとき、彼は確かに正しかった。「方法はあらゆる事柄のなかで最も不毛なものである……方法だけで成し遂げられたものなど、いまだかつてひとつとしてない」。

第三章　批判理論とモダニズム

十九世紀最後の四半世紀は国際的なアヴァンギャルドの誕生を目撃した。そこで焦点化されたのは疎外であり、標準化であり、圧迫的な社会規範からの個人の解放である。印象主義、キュビズム、表現主義、未来派、ダダ、シュルレアリスム、その他さまざまなスタイルの代表的な芸術家たちは、大衆社会にたいする政治的抵抗と文化的抵抗をブレンドした哲学＝美学的なマニフェストを矢継ぎ早に発表した。そうした動きにフランクフルト学派のインナー・サークルは最初から好意的だった。モダニズムが提出していたのは虚偽状態の存在論にたいする応答であった。事実、大衆文化にたいするアヴァンギャルドの対抗によって、霊感と結束がもたらされたのだった。

批判理論をモダニズムのまた別の表出と理解することさえできるだろう。エルンスト・ブロッホは自身の『ユートピアの精神』（一九一八）を「根源的な表現主義的衝動のあかし《テスタメント》」と呼んだ。ルカーチのキャリアは、マルクス主義に傾倒する前に書いた『魂と形式』（一九一一）や『小説の理論』（一九二〇）のような著作によってハンガリーのアヴァンギャルドにおける先駆者となることから始まった。ホルクハイマーの初期の著作にあたる箴言集『曙光と衰退――一九二六―三一年のノート』はすでに、共感《エンパシー》と同情《コンパッション》が生存に必要なものであり、行動のための倫理的動機であるという見解を採っていた。表現主義はベンヤミンの『ドイツ悲劇の根源』（一九二八）に影響を与えていたし、シュルレアリスムは「革命的陶酔」の形態――痴愚化をもたらす「内面の貧困」にたいする適切な対応として行動を活性化させるもの――を作り出すと見なされていた。アドルノはアルノルト・シェーンベルクやアルバン・ベルクのような前衛作曲家のもとで学んだし、『ミニマ・モラリア』には「傷ついた生活についての省察」という副題が与えられた。疎外にたいする闘争はフロムの著作のなかで重要な役割を果たしていたし、アヴァンギャルドが示した「新しい人間」というヴィジョンはマルクーゼの「新しい感性」という観念に影響を与えていた。

フランクフルト学派は決して古典芸術を理想化しなかったし、ましてや「古き良き日々」など――それはつまるところ決してそんなに良いものではなかった――論外であった。学派のメンバーたちの芸術観に保守的なところがないわけではなかったが、それを遙かに凌ぐ実験主義的傾向があったし、モダニズムを高く評価していた。モダニズムには新たな聞き方や見方、言語の新たな使用法があり、表現しえないものを表現しようと様々に試みていたからである。これがアヴァンギャルドを論争の的とした。アヴァンギャルドの作品がはたして「芸術《アート》」なのか、一般大衆《ジェネラル・パブリック》は懐疑的だった。それればかりか、一九一三年のニューヨークのアーモリー・

ショーのように、右翼ナショナリスト団体から（しばしば暴力的な）攻撃にさらされた。事実、リーオン・フォイヒトヴァンガーの偉大な小説『成功』は、モダンアートが第一次世界大戦直後のミュンヘンの謹厳な市民のあいだにかきたてた怒りがどのようなものだったかを教えてくれる。

勃興しつつあったファシズム運動はたいていモダニズムを「ユダヤ的ボルシェヴィズム」と同一視した。しかし現実は違っていた。大半のアヴァンギャルド・グループは極端なまでの用心深さで政治的独立を保っていたし、フランクフルト学派のインナー・サークルのように組織的な政治活動からは距離を置いていた。なるほど、確かにイタリア未来派はムッソリーニに共鳴したし、ロシア未来派はロシア革命の「英雄的段階」（一九一八―二三）のあいだ共産主義者と大筋で手を結んだ。しかし政治的にナイーヴだったこれらの者たちは同じ運命をたどった。ムッソリーニとヒトラーは、権力を掌握すると、シンパだった芸術家たちに突如として攻撃を仕掛けたし、スターリンも直ちにそれに倣った。スターリンの「社会主義リアリズム」という露骨な政策が示していたのは、一九三七年にミュンヘンで開かれた悪名高き「退廃芸術展」でナチが奨励したものと瓜二つの無教養な俗物性だった。こうして、モダニズムや実験芸術にたいするフランクフルト学派の揺るぎない支援は、学派の文化的ラディカリズムと全体主義にたいする軽蔑の両方の証左であった。

第二次世界大戦の終結、アウシュヴィッツの解放、スターリン体制下における強制収容所《グラーグ》に

3　エドマンド・ヴォルトマンによるノーベル文学賞作家サミュエル・ベケットの諷刺画。T・W・アドルノによれば、ベケットの戯曲『勝負の終わり』は、批判理論が関心を持ってしかるべき主体性の唯一無二の経験を範例的に示している。

ついての新たな報告を受け、個体性《インディヴィデュアリティ》は、もはやボヘミアンな放縦さの表出ではなく、全体主義にたいする倫理的反応と見なされるようになった。「ただ命令に従うこと」はもはや受け入れられなかったし、そのような考え方はパリの実存主義者やドイツの四七年グループによる猛烈な批判にさらされるようになった。歪みを用いて「本来性《オーセンティシティ》」を強調すること、悲観主義と人間主義《ヒューマニズム》を奉ずることが、いまや正当であるように思われた。アレゴリーや批判的省察を頻繁に取り上げた複雑な作品群を、パウル・ツェランのような詩人たちや、アンドレ・シュヴァルツ・バートのような小説家たちが発表した。とりわけサミュエル・ベケットの『勝負の終わり』は、アドルノの批判的美学にとって範例的といっていい役割を果たした。『勝負の終わり』による表現不可能な主体性《サブジェクティヴィティ》の喚起は、解読不可能で非人間的な官僚制の迷宮のなかにいる脆弱な個人についてのカフカの描写を補完した。

ラディカルな美学はラディカルな政治に従う必要はないし、そこから生まれた芸術作品は作者の偏見には還元できない。フランクフルト学派はそう理解していた。たいていのモダニストはコスモポリタンなヒューマニストだった。しかし、地方的で右翼的な芸術家も数多くいた。たとえばモーリス・バレス、ゴットフリート・ベン、ポール・クローデル、エドガー・ドガ、クヌート・ハムスン、エルンスト・ユンガー、F・T・マリネッティ、エミール・ノルデなどである。フランクフルト学派は右翼的芸術家を軽視しなかった。アドルノは、こうした芸術家たちの作品において通常は隠されたままになっている「真実内容《トゥルース・コンテント》」を開示することが批判理論に課せられた義務である、とほのめかしさえした。アドルノの学際的著作『ヴァーグナー試論』は、革命的作曲家の音楽面における大胆さや革新性を（権威主義的で人種差別的であるというありきたりな見方に対抗して）明証していた。

芸術作品は客体化《オブジェクティフィケーション》であり、芸術家の信念や芸術家の生きた環境に還元できないものであると理解すること、それが批判理論の理論家たちの採用した基本的前提だった。これはモダニズムの場合、社会学的に正当化できる特定の理由があった。二十世紀初頭からそれ以降のアヴァンギャルド文化圏では、左翼的芸術家と反動的芸術家とが容易に相互に影響を与え合っていた。誰もが実験的で、近代《モダニティ》のもたらした標準化の潮流に反対していた。そのうえ、両者が第一に照準を合わせたのは、ブルジョワでも資本家でもなく、体制迎合的な芸術家であり、金のためにくだらない仕事をする者であり、そしてなにより文化俗物《ビルドゥングスフィリスター》だった。モダニストたちの攻撃対象は、階級や経済システムではなかった。「社会」と「文化」に狙いを定めたのである。

シャルル・ボードレールが「モダン」という考え方を導入した。ボードレールがヴァルター・ベンヤミンのお気に入りとなったのは当然である。偶像的に崇拝される詩集『悪の華』の作者ボードレールは、モダンを、美的なライフスタイル、洒落者《ダンディー》や遊歩者《フラヌール》の生き方と同一視した。その基礎にあったのは「高度資本主義《ハイ・キャピタリズム》」である。モダンな都会主義は、想像的な可能性だけでなく、エミール・デュルケムによれば、まずなにより宗教の衰退に起因するアノミー状態をもたらした。しかしながら、ボードレールによれば、これらはすべて良い方向に作用した。伝統主義、既成の序列、芸術アカデミー、ヴィクトリア朝的道徳といったものからの解放、それこそ近代《モダン》のプロジェクトだった。そのおかげで芸術家は自らの刻印を現実に刻み、リチャード・ヒューズがいみじくも「新しいもののショック」と呼んだものを生み出せるようになったのである。

ヴァルター・ベンヤミンがボードレールについてのテクストで採った方法論は、社会研究所の内部でさえ議論を巻き起こした。ベンヤミンの関心は、読者の連想的で反省的な経験によって弁証法的に形成される客観的現実《オブジェクティヴ・リアリティ》を探求することにあった。これはボードレールと第二帝政期の研究に当てはまるし、未完に終わった膨大な手稿『パサージュ論』――ベンヤミンが一九二七年から四〇年に命を絶つまで取り組んでいた手稿――における十九世紀パリというレンズ越しの近代《モダニティ》についての考察はとりわけそうである。断片《フラグメント》――『パサージュ論』の場合は引用――が形作る「星座《コンステレーション》」を使うことで、ベンヤミンは、絶えず移り変わっていく見方――総体的には近代《モダニティ》についての、具体的には第二帝政期についての見方――を提示しようとしたのだった。ボードレールの「アレゴリー的な直観の仕方」に魅了されたのであり、それはベンヤミンの深奥にある興味関心を反映していた。それにまちがいなく、社会の周縁で（プロフェッショナルの）ボヘミアンとして生きる詩人ボードレールに、ベンヤミンは自分自身の一部を見て取ってもいた。

モダニズムに絶大な影響を与えたもう一人はニーチェである。ニーチェもまた、フランクフルト学派にとって例外的な重要性を持つことになる。ニーチェが与えたのは非体系的な倫理であり、それはニーチェ本人によれば、観念論と実証主義の両方に代わるオルタナティヴだった。彼はラディカルな個人主義者だった。しかし第二次世界大戦後、ニーチェには悪評が付いて回った。超人や「権力への意志」といったカテゴリー、「ブロンドの獣」への誇らしげな言及、歪曲的に反ユダヤ性を強調したエリーザベト・フェルスター＝ニーチェ――ナチに加担したニーチェの実妹――によるニーチェの著作編纂が、『ツァラトゥストラはかく語りき』の著者を、総統の先駆者に仕立て上げたのである。だが実のところ、文化エリートを自称したアヴァンギャルドのニーチェ信奉者《フォロワー》の多くがそうだったように、著作のなかのニーチェは、美的にラディカルで、政治的に保守的だった。彼は西洋文明の前途に待ち受ける文化的危機を鋭敏に感じ取り、「奴隷道徳」、順応主義、伝統、宗教、俗悪な物質主義、文化「水準《ニヴォー》」の喪失を怒りを込めて罵った。ニーチェの軽蔑は「どうしようもない短絡家」にも向けられていたし、「群衆」、大衆文化、大衆運動（リベラルであれ、社会主義であれ、ファシズムであれ）を匂わせるものは何であれ、軽蔑の対象だった。

強度《インテンシティ》は目的そのものであり、「永劫回帰」――選んだものはすべて果てしなく再起するという仮定的措定――は、個人が真に欲したものを明らかにするだろう。それがニーチェの倫理だった。ニーチェは一般化を嫌ったし、「主体《サブジェクト》は虚構《フィクション》である」という『権力への意志』のなかの有名な主張をフランクフルト学派のインナー・サークルが高く評価していたことはまちがいない。ニーチェが仕掛けたのは、今日なら「本質主義《エッセンシャリズム》」と呼ばれるかもしれないものにたいする例外なき攻撃だった。世界とは、個々人の中でひしめき合う欲望、夢想、原理、利害にほかならなかった。超越論的主体、歴史の主体、はたまた人類のような統一化を旨とする概念を信じることは、唯一性《ユニークネス》を踏みにじることだと考えられた。普遍的カテゴリーや絶対的主張はすべて人為的な社会的構築物と見なされたし、主体性《サブジェクティヴィティ》、すなわち個の意志は、現実を絶えず形成し構造化していく力と見なされた。ニーチェと同じく、フランクフルト学派もまた、文化俗物、群衆、最少公分母――ニーチェが「デカダンス」と同一視したもの――に狙いを定めた。学派のメンバーたちは、写実的《ミメティック》表象に固執する伝統的態度を退けた点で、アヴァンギャルドと軌を一にしていた。絵画における三点透視図法、音階、詩の韻律、または時間や空間の固定的性格、そういったものに依拠しない芸術的基準や技術が擁護された。

そのような状況下では、歴史や、「媒介する」社会的諸力に言及することは、まったく不可能だった。フランクフルト学派は「商品形態」や「完全に管理された社会」のような概念を手放さなかったかもしれない。だが、抵抗の実践形態を概念化する能力を持ち合わせていなかった学派は、道徳的混乱や存在の迷宮的性格を表象するモダニスト作品と同一化するしかなかった。存在の個人圏にはまりこんで身動きが取れなくなれば、「罪悪感」が生まれてくるだけであると書き記したとき、アドルノは充分なくらいこの問題に気がついていた。だが、伝統主義者や教条主義者を別にすれば、モダニズムが様々なことを前進させ、商品形態に抵抗していたことに異論を唱える者はまだいなかった。ホルクハイマーは時間の内的経験——ベルクソンが「持続的時間《ル・タン・デュレ》」と名づけたもの——の重要性を認識していたし、時計的な時間《クロック・タイム》にたいする攻撃はモダニズム小説の大傑作——ジェイムズ・ジョイス、トーマス・マン、ロベルト・ムージル、ヴァージニア・ウルフ、そしてもちろん、プルースト——の特徴だった。

内面経験を特権化し、時間と空間を再考し、モンタージュや自由詩《フリーヴァース》のような新技法を使用することで生み出されたのは、アンドレ・ブルトンが事物の「所与性」と名づけたものを変容する芸術的実験である。経験を担う主体性を高め、想像力を解き放ち、客観的現実の束縛を打ち破り、芸術と想像力の可能性を拡張する——それがニーチェの目指したところだった。ニーチェの信じるところによれば、「権力への意志」が自然と人間の両方に生命を吹き込んでいるのであり、この立場はベルクソンの「生命の飛躍《エラン・ヴィタル》」という概念に反映されていた。たいていのモダニストはこの点に関していささかニーチェ的で、主体性の前提条件として機能する、ある種の「本質《エッセンス》」ないしは「精神《スピリッツ》」を措定した。そして、ここから最もラディカルな含意を引き出したのは、日常生活における無意識《アンコンシャス》の役割を力説したフロイトにちがいなかった。権力への意志も「生命の飛躍」も、客観的に立ち現れてくるものではなかった。無意識のように現実の下に潜み、人間存在に生命を吹き込んでいるのである。しかし、表現できないものを表現したいという欲望は確かにあるし、その結果もたらされるのは、往々にして、エドヴァルド・ムンクの絵画『叫び』に見られるように、不安、怒り、錯綜した感情である。

古い文化にたいする嫌悪感と、新しいものにたいする報われることのない憧憬のあいだで身動きが取れなくなったモダニズムの反逆児たちは、マルクス主義に傾倒する前のルカーチが「問題の人間」と呼んだ存在として立ち現れた。政治的には革命派ではないが、博識なボヘミアンであり、文化俗物の仇敵であり、新しいものを担う行為体《エージェント》となった。この預言者が告げるのは活性化された主体性《サブジェクティヴィティ》であり、生まれつつある文化《カルチャー》であり、変容《トランスフォーム》された現実《リアリティ》である。芸術が表現すべきは、いまある現実から自由を異化することであり、アドルノの言い回しを使えば、芸術は「傷つける《ハート》」べきなのだ。ベンヤミン同様、アドルノは醜いものを美しいものに変容しようとするモダニズムの試みを高く評価していた。そうした「価値転換」の実験は、創造性《クリエイティヴィティ》と人間的同情《コンパッション》の育成をめざしていた。内面の貧困を廃絶し、堕落した人類を再生させようというこの多様な試みが、新しいもののショックを形作っていた。

しかしそうしたショックは、もはや、「ボヘミアン」や「アヴァンギャルド」という言葉が伝統的に意味したものとは関係ない。文化産業が今日行っているのは、アヴァンギャルドがかつて行っていたことである。文化産業は、最高度に洗練された技術的革新や、独自の（統合的な）仮想現実《ヴァーチャル・リアリティ》を生み出している。シットコムのキャラクターが口にするたわいもない台詞、ドラッグ中毒のセレブリティ、集中時間《アテンション・スパン》の低下、現在進行形で続いている空虚な内観への没入は、マスメディアとその御用学者たちの飯の種である。今日、文化俗物はメディアのメッセージに後れを取っている。実のところ、情報と娯楽を形成して伝達する能力をかつてないほどに高めつつある文化産業とインターネットが、公衆《パブリック》の旗振り役として新しいものを制度化している。そのような留まるところを知らない技術的革新が内省《リフレクション》を育むのかどうか、日常はますます物象化されてきているのか、主体性はさらに疎外されていくのかどうか。これらの問いに答えるには別の議論が必要である。

第四章　疎外と物象化

桁違いの知的イベントが一九三二年に起こった。その年、カール・マルクスの『一八四四年の経済学・哲学草稿』が、ヘルベルト・マルクーゼによるすばらしい書評とともに、社会研究所の機関誌「社会研究誌」に発表された。このテクストは、モスクワのマルクス・エンゲルス研究所の所長ダヴィト・リャザーノフが——当時の政治情勢を思えば、あきらかに命懸けで——ひそかに持ち出したものだった。この草稿は、若きマルクスによる他の著作と一緒に、すぐさま国際的反響を得た。西欧マルクス主義全般、とりわけルカーチ・ジェルジュの議論は、その多くの部分が、この手稿によって裏づけを得ることとなった。

若きマルクスの著作はユートピア的性質をはっきり示している。そこで優先的に取り扱われるのは、純粋に経済的な資本主義的搾取よりも、人間の窮状《ミゼリー》の人類的《アンソロポロジカル》で実存的《エグジステンシャル》な要因のほうである。歴史の働きを掌握し、それを人間のコントロール下に置く能力の欠如に、疎外《エイリエネーション》の根元がある。分業《ディヴィジョン・オブ・レイバー》がこの疎外状況の表れである。労働者は分業によって、自身の作り出す生産物から、同僚から、そして究極的には個人としての可能性から、ますます切り離された状況に取り残されていく。従って、私有財産制の廃絶は目的そのものではない。歴史にたいするコントロール権を主張《クレーム》し、断片化した人類を再生させる《リクレーム》ための足掛かりにすぎないのである。

若きマルクスは黙示論的ヴィジョンを提示している。自由主義《リベラル》国家における政治的解放は、生産者たちによる階級なき自由な連合《アソシエーション》における人間的解放という理想に従属する。個の自律性を育むこと——それは革命的ブルジョワにとって究極的な倫理目標かもしれない——は、「類的存在《スピーシーズ・ビーイング》」という共生的で有機的な新概念の実現をめぐる関心に吸収される。欠乏の世界、すなわち「必然性」の世界における労働条件の改善は、「自由の王国への飛躍」に道を譲る。疎外《エイリエネーション》が、そして暗黙的には物象化《リイフィケーション》が、いまや、ラディカルな実践の目指すところとなる。このような考え方は一般的なマルクス主義理解を大きく変え、共産主義体制を大いに困惑させ、フランクフルト学派を活性化した。一九六八年の知的ラディカルにも増して、フランクフルト学派はこのような考え方に影響を受けたのである。

不幸の根源

疎外には長い歴史がある。疎外とユートピアのつながりは、聖書におけるエデンの園からの追放にすでに現れている。商品交換の世界に事物が失われることに先立って、楽園喪失の物語がある。聖書の寓話は、人間の堕落状態を正当化し、「ひたいに汗を流してパンを稼ぐ」運命に陥っている理由を説明する。個人のあいだの信頼が失われている理由、自然が敵として立ち現れる理由、そしてまことに興味深いことに、贖罪が可能となる理由もまた、明らかにされる。統一と調和を手にする権利は失われている。アダムとイヴは自由意志を示した。ふたりがエデンの園からの追放を引き起こしたのである――悪に屈することによって。もしかすると、別の選択をすることで、楽園を再び創り出せるかもしれない。この希望をかなえようとしたのがプロメテウスである。プロメテウスがマルクスお気に入りの神話的人物だったのには一理ある。しかし、バベルの塔を築こうとした者たちがきっとそうであったように、プロメテウスもまたその傲慢さゆえに、意地悪な神の裁きを受けたのだった。

楽園はつねに田園的《パストラル》なものと同一視されてきた。庭は、人と自然が確かなかたちで有機的に結ばれた世界だった。学問と芸術、富、技術によって、文明が育まれるかもしれない。だが『学問芸術論』（一七五〇）におけるジャン＝ジャック・ルソーの有名な議論によれば、それらは有機的共同体を断片化し、人と自然のあいだに敵対関係を生み出す。人為的必要性はこのようにして創り出され、品の良さ、簡素さ、親切さ、正直さのような自然の美徳を腐敗させる。隅から隅まで再生された社会のみが、これらの価値観を再興し、個々人の経験する孤独や空虚感、それから、死という運命を、乗り越えるのかもしれない。

聖アウグスティヌスからルソーにいたる数多くの思想家たち、そしてとりわけロマン主義者のなかのルソー信奉者《フォロワー》たちが、これらの主題を探求した。その基本的な考え方を最良のかたちで表現したのはフリードリヒ・ヘルダーリンかもしれない。若きヘーゲルの親しい友人であり、後代の批判理論家たちに寵愛された詩人は、『ヒュペーリオン』（一七九五）で次のように書いていた。

職人はいる、だが人間がいない。思想家はいる、だが人間がいない。牧師はいる、だが人間がいない。主人と使用人、青年と大人はいる、だが人間がいない。これはまるで、手や腕や五体のあらゆる部分がばらばらになって散らばり、おびただしく流された血が砂を染めている悲惨な戦場と同じではないか。

（『ヘルダーリン全集3』、一四五—四六頁）

だが、疎外の体系的分析に先鞭をつけたのはG・W・F・ヘーゲルである。人類が自らの規範的目的から引き離され、人類の創造するものが自らの意識の支配の埒外にあるかぎり、疎外は存在し続ける、とヘーゲルは信じていた。世界史とは、人類が知らず知らずのうちに生み出したものを改めて所有することを目的とする意識が甘受する傷痕《スティグマ》である。疎外の根元を意識の構造のなかに据えることは、疎外を現実から隔離することであると見なされるきらいがある。しかし、対象《オブジェクト》の世界の背後にひそむ主観《サブジェクティヴ・パワーズ》の力をヘーゲルは認識していたし、それは観念論の根本的な欲望——疎外された世界は人間的なものに変容されるべきである——の表出だった。いかにして社会行動は意識の監督を逃れ、いわば人類の背後で歴史が生起するのか、それがヘーゲルの根本的な問いかけであった。

数多の文明が生まれ、跡形もなく消え失せる。結果は意図に背く。知的生活や政治の最良の成果は血で贖われる。ヘーゲルは歴史を「屠殺台」と理解していた。だが、人間の自由が実現されることはあらかじめ決まってはいる。そのような歴史の領域は、個々人がありのままの主体として十全に認識される領域と定義することができる。普遍的相互性が最終的に体現されるのは、法の支配下にある官僚国家、誰もが自由かつ平等に参入する市場を基盤とした市民社会、主体一人ひとりがそのまま情《エモーション》のレベルで抱擁される核家族においてのことである。理性が、このようにすべてを内包する相互性の領域を投射《プロジェクト》する。なぜなら、ヘーゲルの信じるところによれば、ソクラテスの時代以来、理性の至高の体現である哲学が、普遍性の感覚《センス》を具体化していたからである。

それゆえ、疎外を廃止することには、歴史の窮状——ヘーゲルが「絶対精神のゴルゴダ」と呼んだもの——を贖うことが絡んでくる。しかしヘーゲルはまったくユートピア主義者ではなかった。自由の実現は、法の支配によって統治される新たな国家において権力の恣意的な行使を否定《ネゲート》することを目的《テロス》とするプロセスのクライマックスである。軋轢と実存的疎外は、「歴史の終わり」においてさえ消え去りはしない。個人が依然として自らの死すべき運命と対峙しなければならないかぎり、そうなのである。立憲国家は、個人がようやく外から口出しされることなく自らの最も私的《プライヴェート》な事柄に集中できるようになるスペースを創り出すにすぎない。疎外と物象化は、市民社会の搾取的な階級関係に残り続ける。

ヘーゲルの思考は国家のレベルにおいて身動きが取れなくなっている。これを何らかの物質的な階級利害のせいだけにしてしまうわけにはいかない。ヘーゲルは、疎外の根元を資本主義的な生産過程に見出し、その観点から疎外に取り組むことができなかったが、ここには実存的要因もある。疎外の唯物的性質に踏み込めば、ヘーゲルの計画全体に備わっているブルジョワ的目的を否定しないわけにはいかなくなる。疎外はこのようにしてその廃絶を目指す哲学に入りこんでいく。労働者評議会、階級なき社会《クラスレス・ソサエティ》、マルクスが「先史《プレ・ヒストリー》」と名づけたものの終わりは、議論の対象とならない。ブルジョワ哲学者のなかで最も偉大な者たちでさえ、社会を作る人々にその機構を委ねられる政治制度を構想できなかった。

ヘーゲルは『精神現象学』（一八〇七）で次のように記していた。どの時代の支配者も主人も、そのような意識が現実となるのを妨げることに関して、実存的で物質的な関心を持っている。イデオロギーや制度機関という手段を講じて、召使や奴隷たちに、自分たちは主人あってこその存在だと信じこませようとしている、と。ヘーゲルと若きマルクスはここから始めた。批判的方法は、召使や奴隷が――そしてプロレタリア集団が――自らの力を悟るツールとなる。それによって、自分たちはある特定の秩序の生産者として力を持っているが、そこから真の意味で利益を得ているのは主人と支配者だけだということを悟るのである。こうして、疎外の廃絶は、奴隷の――労働者の、と言ってもいい――意識を変容《トランスフォーム》することにかかってくることになる。

若きマルクスの信じたところによれば、国家の美徳について議論したり、主人や奴隷、富者と貧者のような不正確なカテゴリーを媒介にして出来合いの自由概念を実現したりすることは、疎外がどこに端を発し、どう維持されているかについての意識を阻害するだけだった。それゆえマルクスは『一八四四年の経済学・哲学草稿』において次のように力説した。「社会のなかの人《マン》にとって対象《オブジェクト》の世界がいたるところで人《マン》の本質的な諸力の世界となるとき、すなわち人間《ヒューマン》の現実となり、それゆえ自身の本質的な諸力の現実となるときにのみ、あらゆる対象《オブジェクト》が人《マン》にとってその人自身の対象《オブジェクト》化となる、つまりその人の個体性《インディヴィデュアリティ》を確証して現実化する対象《オブジェクト》となることができるのである」。

全《ホール》は真《トゥルー》であるとヘーゲルは主張した。リベラルな法の支配下に置かれたブルジョワ国家において自由は実現された、とヘーゲルは論じた。しかしマルクスによれば、プロレタリアはこの仮説に異議を唱える。権利を奪われ、搾取されるプロレタリアという階級が現に存在していることが、いかに自由が切り詰められてきたかの証左である。プロレタリア階級が構造的支配を被っていることは無視される。ブルジョワ的理解によれば、資本主義は、個人を主要な生産活動単位と見なすエゴイスティックな前提に依拠していることになる。しかしこの見方を採れば、社会的現実の成り立ちや、その経済的生産過程の矛盾を概念化できなくなる。宗教の作り出す状況では、人間の脳がこしらえたものによって人間が支配されるとしたら――これをマルクスはルートヴィヒ・フォイエルバッハから学んだのだった――資本主義のもとでは、人間の手がこしらえたものによって人間が支配される。

ブルジョワ社会が成長して豊かになるときでさえ、労働者階級は貧しくなる一方である。マルクスはそう信じていた。プロレタリアは、機械の付属物として、精神的な貧困の度合いを深めてもいく。個体性、創造性、連帯、そのどれもが大多数の人間において侵食されている。資本主義的生産の規範が要求するのは、労働者を、限りなく低く抑えなければならない生産コスト扱いすることである。それに加えて、利潤最大化は分業を要請する。分業は組み立てラインの労働者たちをそれぞれから引き離し、他のタスクを学ぶことも、自分のポテンシャルを余すところなく発揮することも、最終的に出来上がる生産物を概念化することもできない状態に留め置く。ほかならぬこの分業が、近代国家を蝕んでいる。利潤率や効率性は数学的公式によって超歴史的観点から定義され、構造的な階級利害の衝突は認識されない。こうして、社会から、その歴史的性格、代替可能性、変化可能性が奪われる。

疎外の規定する全体性が永続するか否かは、人々のモノ化、すなわち物象化にかかっている。資本主義は人間から人間性を奪う一方である。資本主義は、商品生産に従事する真の主体《サブジェクト》（プロレタリア）を客体《オブジェクト》として扱うそのかたわらで、生産活動の真の客体《オブジェクト》（資本）を近代生活の虚構の主体《サブジェクト》に転化することさえする。この「逆立ちした世界」を逆転すること――マルクス

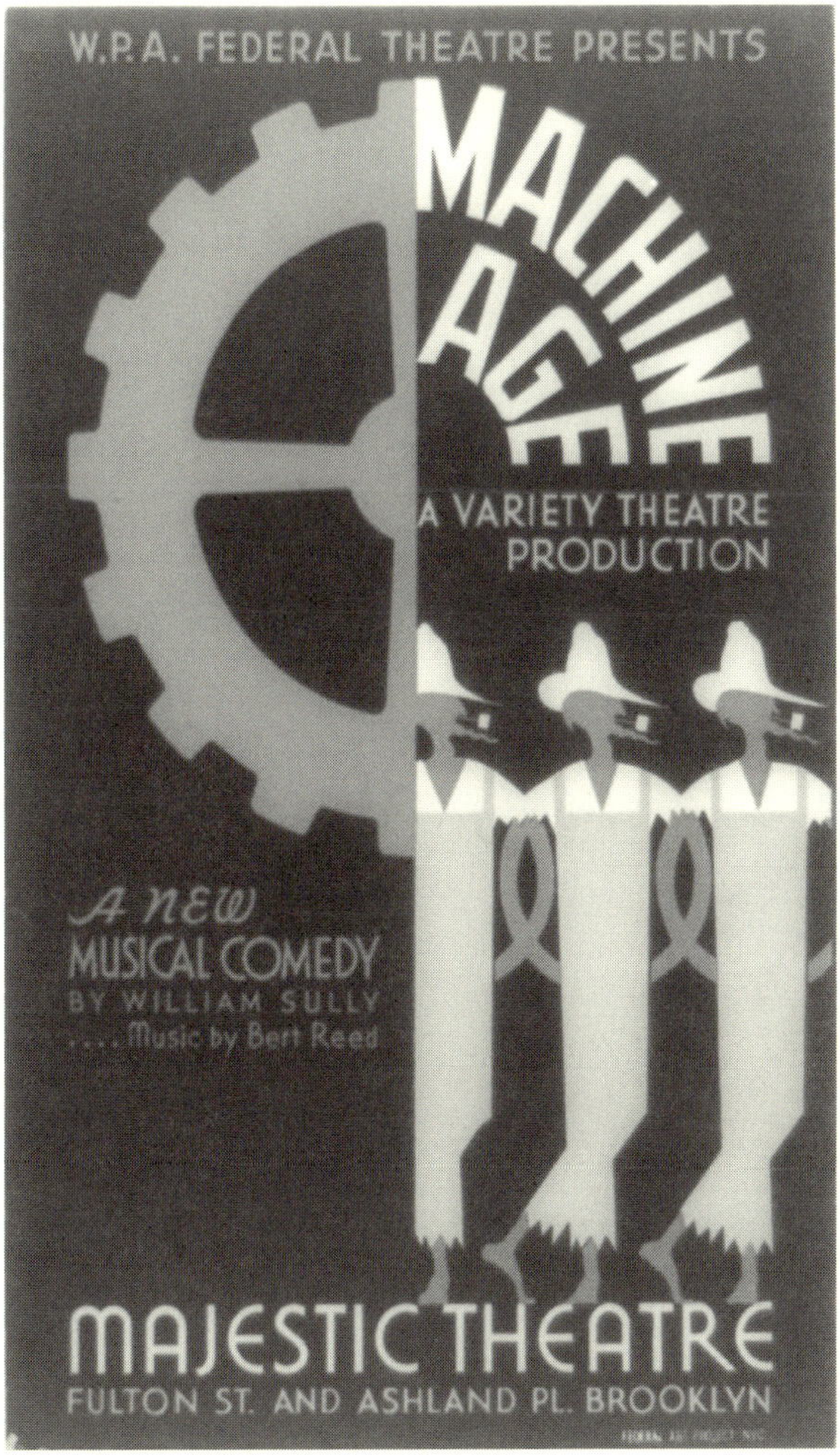

4　疎外と物象化は労働者を機械の付属物に転化し、個体性を破壊する。そのことがこのポスターでほのめかされている。

がヘーゲルから借用したアイディア――は、『資本論』において「商品の物神化《フェティシズム》」と名づけられているものを廃絶することによってのみ可能である。多少別の言い方をするなら、疎外の廃絶は物象化の廃絶を要求する、ということだ。これには変容されるべきものについての意識が必要になる。世界は新たに考え直されなければならない。

若きマルクスは革命の賭け金を上げた。人間の窮状《ミゼリー》がラディカルな行動のターゲットである、たとえ資本主義が人間の窮状《ミゼリー》を完成に近づける一方だとしても。官僚制、貨幣、道具的思考のルーツは人類的《アンソロポロジカル》なものである、たとえ新たな生産過程がそれらの支配を強化するとしても。地位の低い者、辱めの対象となる者は、太古の昔より道具扱いされてきた。商品形態や官僚制は、古代ローマの取引所やローマ・カトリック教会の叙階制にさかのぼる。この含意は明快である。労働者は、リベラル・デモクラシーの希求、社会改革、視野狭窄的な経済的利害の計算だけで満足することはありえない。プロレタリアはいまや、自らを、外在的な力に翻弄される客体《オブジェクト》として理解するだけではなく、歴史活動の主体《サブジェクト》として理解しなければならない。そしてその目的とは、疎外と階級社会《クラス・ソサエティ》の廃絶である。

このヴィジョンを若きマルクスは素描したのだった。しかし、マルクスの青年期の著作が知られていなかった一九三二年以前、疎外と物象化の問題を定式化する（解決する、とまではいかないにしても）うえで、ルカーチに、そしてのちの批判理論家たちに決定的な影響を及ぼしたのは、マックス・ウェーバーである。ウェーバーは古典的名著『プロテスタンティズムの倫理と資本主義の精神』（一九〇五）を書いた苦悩する大学人であり、ナショナリズムや帝国主義に共感するリベラルだった。ウェーバーの著名な講義「職業としての学問」（一九一八）が予見したのは、啓蒙の希望が「回復の見込みがないほど衰え」、社会が「精神のない専門人」と「心情のない享楽人」によってますます支配されていく世界である。道具的合理性の用いる効用性の概念は、数学的に定義されたもので、あらゆるタスクのルーティン化に基づいている。近代生活は専門家の知識や技術をますます贔屓するようになるだろうし、上意下達の命令伝達回路のなかで責任の所在が厳密に定まっている領域をますます好むようになるだろう。全体を把握する能力は消滅するだろう。ドイツ人が専門馬鹿と呼ぶ者が知識人に取って代わるだろう。倫理は科学や政治生活の外部に追いやられるだろう。ウェーバーが想像した未来は、官僚制という鉄の檻《アイロン・ケージ》――ウェーバーのクリシェと見なされることがあまりに多いこの言い回しを、本人は一度も明示的に使っていないのだが――であり、それが本来的《オーセンティック》な主体性を周縁に追いやっていくことはますます確かであった。

批判理論と革命

『歴史と階級意識』は、ロシア革命に付随していた復興と再生にたいする切望を表現していた。形而上学的な装置や黙示論的な言葉こそなかったが、同じことがコルシュの著作にも当てはまったし、グラムシの著作についてもそうである。三人がともに投げかけたのは、解放された世界のヴィジョンであり、それは、ロシア革命やそれに付随する一九一八年から二三年にかけてのヨーロッパでの蜂起から立ち上がってきたものだった。リベラルな共和主義は色褪せた。その比較相手として持ち出されたのは、労働者評議会による参加型民主主義、貨幣や階級序列の排除、ユートピア的なところのある多種多様な文化的実験をめぐるドラマだった。現実のプロレタリアの経験的意識がどのようなものであるかにかかわらず、疎外の世界に終止符を打つことができるのは、共産党の前衛だけであると考えられた。

しかし、『歴史と階級意識』が一九二三年に世に出ると、批判の集中砲火を浴びた。プロレタリア（または、共産党と言ってもいい）を歴史の「主体＝客体」と見なすことは、観念論のユートピア的派生物であって、マルクス主義ではない、と考えられた。意識の役割を誇張した結果、経済学を台無しにしてしまったし、具体的な目標も、制度が行動に課す制約も、ほとんど論じていない、という見方が一般的であった。しかし、マルクスの『一八四四年の経済学・哲学草稿』の出版とともに、ルカーチの議論の多くは遅まきながら裏づけを得ることになった。第三インターナショナルはとりわけ厄介な立場に追い込まれた。というのも、その指導者たちは一九二四年にルカーチにこの傑作の撤回を強要していたからだ。若きマルクスの著作は、政治的イデオロギー——柔軟性を欠き、硬直的であると大半の知識人が見なしがちであったもの——にたいする興味を甦らせた。

しかし、疎外という概念が真の意味で一般的になったのは、エーリッヒ・フロムの『自由からの逃走』を通してのことだった。一九三九年の第二次世界大戦の勃発以後、リベラルで革新的な知識人の主要な敵となったのはナチズムである。フロムが示したのは、ワイマール共和国における資本主義と関連したエゴイスティックで貪欲な「市場的性格」という属性が、新たなファシズム体制によって、自律性の断固たる排除に立脚する「サド＝マゾ的性格」にどう転化されたかだった。新体制のプロパガンダに抵抗できる公的機関や制度はすべて――つまり、マスメディア、学校、宗教、そして家族さえも――ナチズムによって覆され、その結果、個人はまったく隔離されるか、アトム化された状態に取り残された。

この種の極端な疎外は耐えられないものである。かくして権威（すなわち、総統）との同一化が生まれる。それが個人を憎悪で充たし、倫理的責任の回避を目論むように仕向ける。このようにして、社会学的な影響と心理学的な影響が特定のかたちで合流し、独特の権威主義的パーソナリティ構造が誕生する。

マックス・ホルクハイマーはこれよりも包括的なアプローチを採った。「権威主義的国家」（一九四〇）と題されたホルクハイマーの論考が分析したのは、近代自由主義《リベラリズム》、共産主義、ファシズムの融合である。これらはみな、官僚的管理運営と支配、序列と従属、プロパガンダと大衆文化、分業と機械化された労働に依拠している。個人は、労働の所産からも、自分以外の労働者からも、個体性《インディヴィデュアリティ》についてのより広範でより包含的な概念からも、疎外される。個人が機械のなかの歯車程度の存在でしかない以上、全体性は完全に視界から抜け落ち、物象化が規範となる。体制の類型《レジーム＝タイプ》のあいだの差異は依然として残るかもしれないが、突き詰めれば、形式が内容である。実際、かつてはプロレタリアと結びついていた目的論的希望が挫かれると、抵抗から政治的参照項が失われる。権威主義的国家によって、実践の理論を組み立てる能力に、疑いが投げかけられる。

疎外と物象化はこうして、まず何より心理学的かつ哲学的な解決を必要とする心理学的かつ哲学的な問題として理解される傾向を強めていく。たとえばユルゲン・ハーバーマスは『認識と関心』（一九七一）において、「歪曲なきコミュニケーション」に基づいた「理想的発話《アイディール・スピーチ・》状況《シチュエーション》」を措定した。理想的なものが具体的になるのは、精神分析的な出会い――そこでは、外在的ないしは物理的な利害関心に妨げられることなく、どんな神経症や病状であれ、分析者と依頼人《クライアント》の双方が、真の病因を見つけることに専心する――においてである。かくして、実証主義や現象学のような伝統的な哲学形態に欠けていた「一般化可能《ジェ・ネラライズ》な関心《インタレスト》」が立ち現れてくるのである。

批判はいまや肯定的《ポジティヴ》な基礎を与えられる。言説の操作との対峙は、「解放《エマンシペーション》を旨とする」基盤からなされる。ここには実際的な含意がある。活動家《アクティヴィスト》たちの相互理解が最重要となり、活動家《アクティヴィスト》一人ひとりが自身の目標や戦術について自己批判的であると証明される必要が出てくる。結局のところ、どんな形態の熟議民主主義であれ、それに原理的に根拠を与えているのは、歪曲なきコミュニケーションである。かつて関心の的だったのは、現実が歴史的に構築されていることだったが、それがいまや、技術的《テクニカル》な問題として扱えるようになる。ハーバーマスの次の言葉は彼の立場を鮮明に表していた。「自己省察《セルフ・リフレクション》の力において、知識《ノリッジ》と利害関心《インタレスト》はひとつになる」。

しかし、この革新的な心理学＝哲学的アプローチにたいして、論議と定義の問題がすぐさま持ち上がる。理想的発話状況は、社会行動のための方法論的出発点にすぎないのか、それとも、独自のルールを持つ固定的な哲学的カテゴリーなのか。歪曲なきコミュニケーションは、批判的社会理論《クリティカル・セオリー・オブ・ソサエティ》という観点から理解すべきか、それとも、独自のルールを持つ新種の言語哲学の基礎をなすものと理解すべきか。ハーバーマスは「言語論的転回《リングイスティック・ターン》」を行い、後者の道を採った。

批判理論はこうして分析哲学の領域に足を踏み入れた。ハーバーマスの名著のうちに数えられる『コミュニケイション的行為の理論』（一九八一）は、なるほど、道具的合理性や、個人の生活世界に及ぼす後期資本主義の制度的権力の危険性について依然として警告を発してはいる。独自の言語学的ルールを持つコミュニケーション的行為は、歴史から切り離されてはいるものの、抵抗のための媒介手段となる。しかしそうしたコミュニケーションに参加するモチベーションとなると、まったく別問題である。生産過程や政治組織が等閑視される。最優先されるのは、承認やアイデンティティにたいする新たな関心である。しかしながら、この種の要求は互いに衝突することが珍しくない。ハーバーマスの秘蔵っ子であるアクセル・ホネットは、個々人の「配慮《ケア》する」能力を強調することで、疎外と物象化に起因するこうした衝突に対処しようとした。

配慮《ケア》することが、他者を承認《リコグナイズ》し、目に余るような身勝手さ《エゴティズム》を抑えつけることと切り離せない以上、共感《エンパシー》が中心的な位置を占めることになる。疎外と物象化はいまや、基礎づけは哲学的だが経験的な対応を必要とする、哲学的で経験的な問題という枠にはめられることになる。倫理的規範が、再度、政治生活の現実から切り離される。権力の制度的不均衡、集団利害の構造的衝突、資本主義的蓄積の要請がフェードアウトしていく。配慮することやそれに類することに課せられた制約を特定すること、すなわち、疎外と物象化に対処するのに適切な行為形態を特定することが、二の次になる。連帯──そして抵抗──について何かしら意味のある概念を生み出そうとする場合、ここでほのめかされていることが壊滅的な意味合いを秘めていることは明らかである。

しかしながら、公平に言えば、フランクフルト学派のインナー・サークルの大半は次のように信じていたのだった。疎外や物象化にたいして（現存するシステムの内側から）治療薬を処方することは、どんなにうまくいっても無意味であり、最悪の場合、譲れないところを妥協する結果に終わる、と。プロレタリアがひとたび革命的地位を失うと、悲観主義がインナー・サークルのあいだに蔓延した。マルクーゼは「哲学と批判的理論」（一九三七）ですでに次のように記していた。ヘーゲルとマルクスの弁証法——自由の王国を実現するという展望に依拠するもの——はすでに阻害されており、ラディカルな変革はもはや優先事項に入っていない。

官僚制という鉄の檻《アイロン・ケージ》は「個人の終わり」をもたらしつつあるように思われた。これがホルクハイマーが『理性の腐食』（一九四〇）で描いたヴィジョンである。資本主義は自らの墓掘り人を生み出すことを止めてしまい、極右も極左も全体主義に感染しつつある。「極派が会合している」とホルクハイマーは不躾に述べた。それゆえ、社会主義と歴史的進歩についての伝統的仮定は見直されねばならなかった。官僚社会の統合力、組織的反対運動の無力さ、進歩の退行的性格、そして何より、自律を涵養する必要性に対処するには、新たな枠組みが必要だった。もし革命がもはや解放と同一視できないとしたら、抵抗の性格が変わらなければならない。そうなってくると、究極的には、文明、進歩、啓蒙との対決が避けられないだろう。

顧みれば

批判理論家たちが『経済学・哲学草稿』に見出したのは、人類《ヒューマニティ》の「前史《プレ・ヒストリー》」にまつわる抑圧を終わらせることに置かれた新たな強調だった。社会主義はいまや、制度や政策を固定的に組み合わせたものというよりは、人の扱われ方であると考えられるようになる。若きマルクスはユートピア的傾向を示し、自己中心主義《エゴティズム》、残酷さ、疎外から解放された新たな人間《マン》のヴィジョンを持ち合わせているように思われた。資本主義に抗する革命はいまや、人間の条件《ヒューマン・コンディション》の変容《トランスフォーメーション》を目論む何かに転じた。革命の成功に何が伴うかを思い描くことはいまや不可能である、と批評家たちはほのめかした。しかしながら、革命の失敗を理解することは以前より容易になった。新たに発見された若きマルクスの著作は、社会主義についての陰気で単調な理解に異議を唱えるうえで重要な役割を果たした。

エーリッヒ・フロム編の『マルクスの人間観』(一九六一)は非常に広く読まれ、アメリカのラディカルな世代をインスパイアした。しかしながら、それ以前から疎外現象はフロムの関心を占めていた。フロムの宗教や心理学についての様々な著作からそれは明らかである。資本主義に反対する理由は、それが物質面において搾取的だからというだけではない。それはかりか、非人間的な市場の力を持つ資本主義システムが、個々人に、互いを潜在的競争相手や目的のための手段として扱うことを要求していたからである。フロムにしてみれば、資本主義の問題点とは、人間のコントロールが及ばなくなった機械化社会だけではなかった。そればかりか、資本主義の醸成する内面の受動性や精神的鈍麻があった。従って、反資本主義的価値観や個が発達するための進歩的可能性を、分節し肯定することが、フロムの批判的社会心理学の礎であった。これを基礎として、階級問題や革命に拘泥しすぎることなく、ヒューマニズムの一形態として社会主義を作り直していこうという極めて重要な試みにつながるものが出てくるのである。

しかしながら、ヘンリー・パハターがかつて私に語ったところによれば、一九三二年に『経済学・哲学草稿』を読んだときの最初のリアクションは、「これはマルクス主義の終わりだ」というものだった。パハターは社会主義の活動家《アクティヴィスト》にして政治史家であり、フランクフルト学派ともゆるく繋がっていた。今日、パハターのような発言は奇妙に響く。しかし一九三〇年代という文脈では理解できる。当時、マルクス主義は依然として、科学的基礎と目的論的保証を備えた包括的哲学体系だった。共産主義運動にはオーラがあったし、社会民主主義は依然として、政治的独裁や社会的不正義にたいする唯一の真正なる対抗を体現しているように思われた。社会主義運動にしても共産主義運動にしても、ユートピアという方向性は希薄だった。むしろそこで目指されていたのは、主要産業の国有化、市場の規制、(民主主義的か、または権威主義的な)プロレタリア独裁によるブルジョワ統治のすげ替え、おそらくは技術や科学の進歩に基礎を置く新たな世俗的イデオロギーの導入だった。

伝統に沿ったこのような展望は、疎外と物象化にたいする攻撃を伴った新たなアプローチより、はるかに冴えないものだった。しかし、その目的の明瞭さと政治優先の姿勢については、何か羨ましくなるところもある。ノスタルジーに浸る必要はない。その哲学的政治的目標の穏健さはあくまで相対的なものだった。それに続いた論考がエキゾチックでユートピア的に誇張されていたのだ。

第五章　啓蒙された幻想

マックス・ホルクハイマーとテオドール・アドルノの『啓蒙の弁証法』は左翼の側から試みられた初めての近代との偉大なる批判的遭遇だったのではないだろうか。一九四四年、『哲学的断想』というタイトルで研究所の私家版として世に出たのが初出である。しかし、一九四七年になってやっとクヴェリイド社から出版されたとき、原題は副題に代わっていた。焦点はより明確になっていた。それでも当初は売り上げに貢献しなかった。売れたのはほんの二千部程度だった。しかし、今日、『啓蒙の弁証法』は近代哲学の金字塔と認められている。批判理論の代名詞的著作であることに異論はないだろう。大いに異なった二つの知的気質がこの本に現れている。テクストは複雑な緊張関係を呈しており、様々な解釈が可能である。とはいえ、いくつかの特徴は明白に存在している。

この著作が精査するのは、科学的（ないしは道具的）合理性《ラショナリティ》がいかにして歴史過程から自由を放逐し、物象化が社会の隅々まで行き渡ることを可能にするのか、という点である。芸術でさえ単なる商品と化し、批判性を失う。弁証法的言説はいまや、迎合主義を、奔放《ボヘミアン》な作家や芸術家しか気にしないもの以上の何かとして扱う。それればかりか、革新的でラディカルなひねりが形而上学に加えられる。「完全に管理された社会」にたいするホルクハイマーとアドルノの対応は、体系的思考にたいする体系的攻撃である。それ自体物語《ナラティヴ》となる反物語《アンチ・ナラティヴ》、と言ったほうがよいだろうか。ふたりの合作は、啓蒙の限界をよりよく理解するために、その伝統の外部にいる思想家たちを使うという、洗練された試みを提示してもいる。ここで力説されるのは、進歩が高くつくということにとどまらない。野蛮は文明の内部に埋め込まれており、啓蒙は自らの最も聖なる約束である自律《オートノミー》を裏切ったのだ、ということも力説される。

進歩の幻想

『啓蒙の弁証法』は若きマルクスの命法――真にラディカルであることとは、問題の「根元《ルート》」まで行くことである――に忠実だった。左翼は歴史的に言って、理論《セオリー》と実践《プラクティス》のどちらにおいても、基本的に自らを啓蒙のプロジェクトと同一視していた。若きマルクスでさえ――彼が胸の内に秘めていたロマン主義はほんの少しどころではなかった――プロレタリアは革命的ブルジョワから目標を受け取らねばならない、プロレタリア自身は実現すべき目標を持ち合わせていない、と力説した。リベラルな共和主義にたいするマルクスの批判の根拠は、自由、平等、博愛というその啓蒙的理想は資本主義国家という制約のなかではかなえられない、という点にあった。

ファシズムが勝利を収め、共産主義が変質し、社会民主主義が取り込まれるに及んで、こうした理想は威光を失い、その結果、政治批判は訴求力を失ったと考えられた。アウシュヴィッツが進歩や近代にまつわるオーラをしぼませた。こうして、判断を下し、物語を紡ぎ、現実を理解するための昔ながらの基準は時代錯誤になってしまった。ポストモダン的なものがすでにここに現れている。啓蒙と近代が成就するのは、強制収容所――説明責任を果たさない官僚制によって運営され、逆上した道具的合理性に煽られ、想像を絶する憤怒が解き放たれるなかで立ち現れる世界――においてのことである。

『啓蒙の弁証法』には、終わりから二番目に置かれた「反ユダヤ主義の諸要素」という煽情的な章に一九四七年に加筆された断片があった。そこでの解釈によれば、偏見にはそれ独特の力《ダイナミック》があり、理性的議論に抵抗する論理があるという。反ユダヤ主義は人間の「第二の自然」の表現であり、人類史的《アンソロポロジカル》根拠を持っていると見なされる。ホルクハイマーとアドルノは次のように力説する。ユダヤ人にはいつも何か「違う《ディファレント》」ところがあった。もし近代が個体性の標準化を加速度的かつ抑圧的に押し進めるなら、差異や自律との遭遇は、論理的必然により、無意識的な妬みから生まれるルサンチマンを生み出すだろう。そのようなルサンチマンが反ユダヤ主義的なものを特徴づけている。「歴史の転換点《ターニング・ポイント》」を作り出すまさにそのときでさえ、ナチのユダヤ人憎悪が成就しているのは、過去の予感である。

資本主義もこの図式にフィットする。反ユダヤ主義はあれこれの既成の経済的利害には還元されない。しかしユダヤ主義と商品形態はリンクしている。商品形態によって人々は自らにたいする目的とは見なされなくなる。それに代わり、官僚的に構造化された資本主義的蓄積過程の内部において、人は生産コストと考えられる。そして、これは巡り巡って、道徳的判断を行う個々人の能力に悪影響を与える。物象化を介して人をモノに還元することが、強制収容所における被収容者の扱いに投影《プロジェクト》される。ホルクハイマーとアドルノによれば、主体性の腐食はアウシュヴィッツよりはるか前に始まっていた。「他者《アザー》」はつねに危機にさらされていた。ユダヤ人からすると、ここには特別な意味があった。反ユダヤ主義者は伝統的にユダヤ人を流通領域と同一視し、資本主義の悪しき先触れと見なした。それゆえ、問い直しが必要なのは資本主義だけでない。文明それ自体を問い直す必要があるのだ。こうして、批判的社会理論《クリティカル・セオリー・オブ・ソサエティ》は人類学的《アンソロポロジカル》形態を採るようになる。そこで抵抗の基礎が置かれるのは、ますます存亡の危機にさらされつつある主体性である。

『啓蒙の弁証法』は、文明そのものが主体性の攻撃に一枚嚙んでいる、と力説した。ホメロスの『オデュッセイア』にすでに描き出されているのは、生き延びるために自ら進んでアイデンティティや名前を差し出そうとする主要登場人物の意志である。このように、道具的《インストゥルメンタル・》理性《リーズン》と主体性の疎外は、本質的なところで固くひとつに結びついている。両者の結合は、一般に啓蒙という名で知られている歴史上の時代において、具体的に結晶化したにすぎない。こうして『啓蒙の弁証法』で「啓蒙」という言葉は二重の意味を帯びることになる。啓蒙は、特定の歴史的時代に属する、知識についての科学的理論——それは十七世紀から十八世紀のヨーロッパにおいて宗教的教義《ドグマ》に異議を唱えた——でもあれば、より広い意味では、誤謬や迷信との人類的《アンソロポロジカル》闘争——それは文明の黎明期に始まった——でもあると考えられる。この本の鍵となるのは、いかにして歴史的な啓蒙批判が、進歩の人類学的問い質し《アンソロポロジカル・インテロゲーション》のための梃子に転化するのか、というところである。『啓蒙の弁証法』をかくも挑発的で論争的なものにしたのはまさにこれである。

客観的にして価値中立的、試験もできて自由に使いまわせる科学的理性《サイエンティフィック・リーズン》は、当初、伝統的迷信や偏見を打ち壊すのに使われた。開かれた言説、実験、寛容を育成するためだった。宗教的世界に生きる進歩的思想家たちがなにより気にかけていたのは、神学者の横槍から科学的探究を守ることだった。しかしながら、科学的理性は手始めに宗教的教条主義《ドグマティズム》を攻撃した後に、非科学的な教えや規範的主張にたいする無差別攻撃に転じた。啓蒙主義にまつわる倫理的価値観（たとえば道徳的自律性や良心の行使）——科学的実験を活気づけた立役者——も例外ではなかった。しかしながら、まさにこれほどまでに、理性の批判的性格が目減りしたのである。デイヴィッド・ヒュームが予言したとおり、理性は以前にも増して確かに「情念《パッション》の奴隷」となっていった。

『啓蒙の弁証法』は、ヘーゲルとマルクスを補うのに、ニーチェ、フロイト、マックス・ウェーバーから引き出した洞察を用いる。著者ふたりがひっくり返すのは、技術的発展を進歩と同一視する伝統的な物語だ。それに代えてふたりが結びつけるのは、増大していく道具的合理性の支配と、完全に管理された社会である。新たな展望が投射《プロジェクト》する新たな抵抗形態は、主体と客体——哲学的ニュアンスを弱めた言い方をするなら、個人と社会——の「非同一性《ノン・アイデンティティ》」の強調を要求する。全《ホール》が偽《フォールス》であり、進歩が幻想であるかぎり、唯一可能な批判的選択肢は、のちに否定弁証法として知られることになるものを発展させることである。この道を行くことによってのみ、批判は、啓蒙に随行する幻想と正面から対峙するのかもしれない。

科学は価値中立的で、イデオロギー的主張に関して不偏であるという扱いが常態だった。しかしながら、商品形態や官僚制と同じく、科学もまた、自らの支配を拡大することに関心がある。科学的合理性はこうして、資本主義や官僚国家の要請と容易に混ざり合う。資本主義、官僚制、科学——これらはみな道具的合理性の表れである——が、啓蒙の真の核心をなす。これらは自然を使用対象《オブジェクト・オブ・ユース》に、進歩を疎外《エイリエネーション》に、自由を支配《コントロール》に転化する。自律は厄介なものに、批判は脅威を与えるものになる。啓蒙をあれこれの高邁な理想と関連づけることも可能ではある。しかし啓蒙の真の目標は、標準《スタンダード》化と支配《コントロール》なのだ。啓蒙の擁護者たちは、解放の名のもとに、技術的統治の合理性を育成する羽目になった。こうして、啓蒙がもともと破壊しようとした非合理的な信仰や信念が啓蒙自身によって作り出され、再び立ち現れてきた。

自然に及ぼす力を増加させるために人類《ヒューマニティ》が支払うのは、主体性の喪失である。啓蒙的人間主義《ヒューマニズム》は、自らが関与する支配に盲目でもあれば、自らが助長している反抗にも同じくらい盲目であり、「自らの最奥で猛り狂う囚人が、ファシストとして、世界を監獄に変える」ことを理解できない。こうしたものが啓蒙の真の遺産である（たとえそうとは認められていないとしても）。これはカントを越えて、マルキ・ド・サドやニーチェにまで拡がっている。カントは形而上学や宗教の横槍から科学を守るために認識論のバリケードを築き、サドは個人の道具的扱いを極限まで押し進めた。それと同じところで、ニーチェはとうとう理性と良心を権力への意志に従属させた。

『啓蒙の弁証法』は、個人が単純にロボットに変えられてしまったのだという主張はしていない。実際に起こっていることは、そうではなく、自律性の倒錯《パーヴァージョン》である。技術的ないしは感情的な判断を下す以外に何かをする能力が、個人からますます失われていると考えられる（ここで特筆すべきは、俗流唯物論や直観的形而上学にたいする初期の批判が作動している点である）。良心を行使して自由な社会《フリー・ソサエティ》を想像することが、輪をかけて難しくなるし、まさにそれゆえに、全体主義の訴求力が高まる。「ただ命令に従っていただけだ」と主張する人々におあつらえ向きの社会学的、哲学的な説明——正当化ではないとしても——が現れる。抵抗という昔ながらの政治形態にはもう現実味がない。物象化が進歩を定義するところでは、批判理論はまさに、解放のメッセージを入れた瓶《ボトル》を野蛮の奔流に投げ込むという境遇に置かれる。

自由《フリーダム》はロシア革命によって裏切られ、自由主義《リベラリズム》は自由な社会《リベラル・ソサエティ》という約束において妥協した。道具的合理性がそれを見守った。巻き戻しが起こらないように、と。そもそも哲学的観念論は、経験的な決定因とは全く無縁な普遍的主体という考えに依拠していた。具体的な指示対象は、個人が倫理的決定を下す際に使用すべきものだった。リベラリズムは、自らが奉じる法の支配と権利観のために、普遍的原理を採用した。しかしこれがまさに問題なのだ。道具的必要性の名のもとに個体性を自主的に譲り渡すことは、抽象的な人類《ヒューマニティ》なるものの名のもとに階級的主張を断念することにつながり、最終的には、形而上学的抽象化そのものにたいする攻撃に帰結する。これらのステップはすべて同一の論理のなかにあり、論理的に進んでいく。進歩は、心ある《グッド》ブルジョワがいつも言っていたものではない。道徳的良心の成長、人類《ヒューマニティ》の改善ではない。まったく逆だ。自律性と倫理的規範はかき消される。アドルノが後に好んで口にしたように、実際の進歩とは弓矢から原子爆弾にいたる運動である。

啓蒙主義の政治思想は、ホルクハイマーとアドルノの見方によれば、進歩の幻想に投資し、大きな損益を出した。西欧マルクス主義者がリベラルな共和主義に入れ上げたことは一度としてなかったし、一九三三年にアドルフ・ヒトラーが勝利してからは、フランクフルト学派もその点について同感だった。インナー・サークルのなかで最も抜け目ない政治的嗅覚の持ち主だったかもしれないマルクーゼでさえ、一九三四年に次のように記していた。自由主義と全体主義のあいだには深い類縁関係がある。どちらも私有財産制に肩入れしているという点だけではな

5　ファシズムは啓蒙に根ざしている。ここに写っているのは、ブーヘンヴァルトの強制収容所のなかにあった、ゲーテの愛した楢の木である。

い。政治的見解においてそうなのである。『啓蒙の弁証法』が痛感させるのはこの点である。リベラリズムは観念としては良いが、現状の弁護になっている、と著者たちは考えた。リベラリズムにしてもその人間主義《ヒューマニズム》的衝動にしても、非人間性《インヒューマニティ》や非合理的なものに盲目であるがゆえに、どんなにうまくいった場合でさえ、敵対者にたいして有効な異議申し立てができなかったし、最悪の場合、敵との共犯関係に陥った。著者たちはこの問題を直截に述べている。「啓蒙が事物に対する態度は、独裁者が人間に対するのと変るところはない。独裁者が人間を識るのは、彼が人間を操作することができるかぎりである」。ブーヘンヴァルトの強制収容所のなかにあった、ゲーテが愛した楢の木は、啓蒙の運命を物語る辛辣かつ象徴的な事例である。ホルクハイマーとアドルノは、ワイマール共和国のようなリベラルな体制から全体主義が育っていったという経験的事実に気を揉んでいただけではなかった。彼らは次のように確信していた。ファシズムはその勝利に先行する状況の産物だが、何か否定的な意味でそうなのではなく、ファシズムが公に（そして偽善者ぶって）非難した状況の事実上の継続としてそうなのである、と。リベラルな考え方は、それらが埋め込まれていた道具的枠組みによって裏切られた。そうしてもたらされた良心の転覆をいっそう具合の悪いものにしたのは、それが、そうした枠組みの存在の正当化を担っているはずの理念によってなされたからだった。ユダヤ人が最も割を食った。人類史的《アンソロポロジカル》な意味で、なぜなら文明はつねにユダヤ人に「異邦人《エイリアン》」という汚名を着せていたから。歴史的な意味で、なぜならユダヤ人は一般的に言って自由主義《リベラリズム》と資本主義の先触れだと考えられていたから。

皮肉は避けられない。物象化のプロセスは、リベラルな理念という隠れ蓑に身を潜めながら、良心という罠にかかっていた不合理な恐怖や本能的な衝動を解き放った。その帰結である反ユダヤ主義が反映するのは、「目をくらまされ、自律的主体性を奪われた人間たちが、にもかかわらず様々な行動の主体として解き放たれうるような」状況である。このような空虚な個人と筋の通った議論を交わそうとしても無駄である。こうした空虚な個人の非合理性はあまりに根深い。ファシズムだけでなく、文明も、啓蒙の遺産の意図せざる帰結も、その形成に寄与していたのである。

歴史からの退却

「歴史哲学テーゼ」でヴァルター・ベンヤミンは「同時に野蛮の記録でない文明の記録は存在しない」と記した。そうかもしれない。しかしこの主張は次の問いを誘発せずにはおかない。どうやって野蛮と文明を区別し、ある作品のなかでどちらが優勢になっているかを見極めるのか、という問いである。『啓蒙の弁証法』はこの問いに答えるのに必要な基準をまったく明らかにしなかった。著者たちは、制度、運動、政治理念にたいする影響という観点から啓蒙を取り扱うことを拒絶したのである。その代わりに、彼らは啓蒙を合理性の単一《シングル》形態と見なし、しかるのちに、単一《シングル》な人類史的物語《アンソロポロジカル・ナラティヴ》という観点から啓蒙を問い質していった。啓蒙の論難において、反《カウンター》啓蒙が言及されることはない。制度的権力の恣意的な行使を制限することをめぐる歴史的闘争、そして、個体性の自由な行使を育成すること、それらはそもそも議論の俎上にのぼらない。知的伝統と、組織的な実践形態との関係が見失われる。ここには道具的合理性しかない。道具的合理性こそが変容をもたらす動因《エージェント》であり、新たな世界精神《ワールド・スピリット》と言ってよい、というわけだ。

『啓蒙の弁証法』は先駆的な政治思想家たちをまったく取り上げていない。ジョン・ロック、ゴットホルト・レッシング、ヴォルテール、ベンジャミン・フランクリン、トマス・ペインなどへの言及はほぼ皆無である。著者たちはもっと遠いところを見ていた。彼らの関心はマルキ・ド・サド、ショーペンハウアー、ベルクソン、ニーチェにあった。これらの思想家はみな、啓蒙主義の政治原理とも、その実現をめざす組織とも、無縁の存在だった。反リベラルで、反社会主義で、反民主主義で、反平等主義で、反合理主義で、反歴史主義だった。

科学的合理性にたいするホルクハイマーとアドルノの批判は、政治的な面でもミスリーディングである。ファシストたちは科学的合理性や普遍的カテゴリーに入れ上げたりはしなかった。その代わりに行ったのは、「ユダヤ的物理学」や「イタリア的数学」という考え方をイデオロギー的に使うことである。実証主義や新実証主義を奉じる二十世紀の科学的合理性の擁護者の大半は、カール・ポパーのようにリベラルだった。ルドルフ・カルナップのような社会民主主義者もいた。ハンス・ライヘンバッハのように一度は極左に名を連ねたことのある者たちも少数ながら存在した。偉大な社会主義思想家にして活動家《アクティヴィスト》であるノルベルト・ボッビオが次のように書き記したとき、彼は確かに的を射ていた。実証主義——実証主義を信奉することではなく——を頭ごなしに軽蔑することは、典型的なファシズムのやり口である。

表面的には無関係に見えることではあった。ホルクハイマーとアドルノの関心は、個人や集団の意識的な意図の背後で働く弁証法的プロセスのほうにあった。しかし彼らの弁証法には歴史的特定化《ヒストリカル・スペシフィケーション》が欠けていた。彼らは一度たりとも、新たな野蛮を生み出した政治的決定の契機を調べようとはしなかった。ドレフュス事件、ロシア革命、ファシスト党のローマ進軍、ナチの勝利などについて、『啓蒙の弁証法』は何も語らない。組織やイデオロギーをめぐる対立のことも、そこに関与した個々人のことも、俎上にのぼらない。全体主義と近代の繋がり――啓蒙に端を発し、道具的合理性によって媒介される繋がりであるという議論――は、端的に言って、検証に堪えない。

アメリカ合衆国やイギリスのような最も先進的な資本主義国家は真の意味でのファシズム的脅威を一度として経験することがなかったのに、その一方で、イタリアやルーマニアのようなはるかに後進的な国家が反動勢力に屈したのはなぜか。『啓蒙の弁証法』はその点について不明瞭である。同じく不明瞭なのは、日本が啓蒙を経験しなかったのはなぜか、という点だ。左翼からの全体主義についての議論も欠けている。ソヴィエト連邦で起こったのは、近代の産物ではなく、近代の欠如だった。事実、グラムシはボルシェヴィキ革命を『資本論』に反する革命」と見なしていたし、レフ・トロツキーとレーニンのほうではこう主張していた。共産主義が勝利できたのは、帝政ロシアが「資本主義的連鎖における最も弱い環」だったからでしかない。

これらすべての点において、社会民主党の指導層にいた正統派マルクス主義者たちのほうが、哲学的にはずっと洗練されていたフランクフルト学派のメンバーたちより明晰だったのは、驚くに値しない。カール・カウツキーやローザ・ルクセンブルクは早くも一九一八年の時点でソヴィエト連邦におけるテロ機構の出現を予言していたばかりか、それを経済的発達不足の産物と分析していた。他の学者たちが後に述べるところによれば、ドイツでは、ブルジョワが依然として封建主義と折り合いをつけられないでいたとき、ブルジョワはプロレタリアにたいする恐れから、反動派との連合に導かれていくことになったのだった。

　ヨーロッパのファシズムは、何か出来合いの哲学的弁証法の産物ではなく、むしろ、自由主義《リベラリズム》と社会民主主義《ソーシャル・デモクラシー》にたいする自意識的でイデオロギー的な応答だった。ヨーロッパのどこであれ、ファシズムの大衆的な基盤《マス・ベース》はまず前資本主義的階級にあった。農民、最下層階級《アンダークラス》、プチ・ブルのことであり、そうした階級の実存的で物質的な利害は、資本主義的生産過程と、その過程における二つの主要階級――ブルジョワとプロレタリア――によって脅かされているようだった。近代《モダニティ》と同一視される諸階級が大筋で支持したのは、大陸的な自由主義《リベラリズム》を奉じていた政党か、または、形式的には依然として正統派マルクス主義やその好敵手たる共産主義を奉じていた社会民主党である。共産党員を除けば、これらの政党はすべてワイマール共和国の支持者であり、言葉のうえでも行動のうえでもそれに戦いを仕掛けたナチ党員に敵対していた。

『啓蒙の弁証法』はこれら実際《リアル》の歴史的対立を形而上学の霧のなかに投げ込んでしまう。オデュッセウスについての著名な解釈――自らのアイデンティティを否定することが、流浪《エグザイル》を生き延びるための唯一の道となる――が良い例である。「意識の犠牲は、それ自身のカテゴリーに従って、合理的に、執り行われる」。引き返すことはできない。道具的理性は生存に必要であり、わたしたちの生存形態がわたしたち自身の破壊を生む。啓蒙とはある力《ダイナミック》についての物語であり、その物象化効果は、強制収容所の被収容者の腕の入墨番号において頂点に達する。

この挑発的議論には並外れて圧倒的なところがある。しかしこの議論は、偽りの具体性と、置き違えられた因果論に依拠している。道具的理性がナチズムをもたらしたわけではない。それどころか、規範的判断を下す個人の能力が破壊されたことさえ、道具的理性のせいではなかった。ナチの勝利はむしろ、現実《リアル》に存在していた様々な運動のあいだの衝突の産物だった。そしてそれらの運動に関わっていたメンバーたちは、自分たちの利害についても価値観についても、多様な判断を下す能力を充分に持ち合わせていたのである。

　ファシズムは、決して、先取りされた結論でもなければ、近代の数理的帰結にすぎないものでもなかった。対立関係にあったのは、現実《リアル》の運動と現実《リアル》の組織であり、現実《リアル》の伝統と現実《リアル》の観念だった。それらを無視することは、思考の物象化――フランクフルト学派が名目上は対抗しようとしたもの――を容認することである。『啓蒙の弁証法』から立ち現れてくる硬直的なプロセスでは、解説されるものより排除されるもののほうが多い。歴史についての議論が具体的に定まっておらず、政治的判断において正確さを欠いているからにほかならない。質的に異なる諸現象をたったひとつの題目の下でひとつにまとめたいという欲望は、歴史的歪曲と政治的混乱を作り出すだけだろう。ルカーチのスターリン主義との関係を思えば、他人を非難できる立場ではなかったかもしれない。にもかかわらず、彼の名言――フランクフルト学派は「グランドホテル〈深淵〉」から野蛮への転落を目撃したのだ――には何か否定しがたいものがある。

次にくるものは？

マックス・ホルクハイマーとテオドール・W・アドルノが意図したのは、啓蒙それ自体の観点から、啓蒙の限界と対峙することだった。ふたりの出発点は自律性の腐食だった。進歩は野蛮を生み出すものと見なされ、資本主義批判はより包括的な「支配の人類学《アンソロポロジー》＝人間学」のなかに据えられる。彼らの企てはマルクス主義の弁証法的伝統にきれいに収まる。しかし、彼らの批判を裏づける実証的な契機は決して具体的にも明瞭にもならない。全《ホール》が偽《フォールス》であり、媒介《ミディエーション》はまったく導入されない。そうであるがゆえに、批判理論は否定《ネゲーション》を指導原理とすることを余儀なくされる。完全に管理された社会は、逆向きの目的論の産物である。社会の裂け目の一つひとつに物象化が忍び込んでいき、道具的合理性はそれが現れる先々でまた別の支配形態を披露する。ホルクハイマーとアドルノは峻別のための基準を何一つ提供しない。ふたりにとって、基本的状況は明白なのだ。問題は道具的合理性、元凶は商品形態、敵は文化産業である。道はひとつしかない。現在進行形の抵抗だけであり、それは、真正であるかもしれないが、つねに手からすり抜けていく個体性《インディヴィデュアリティ》の経験の名のもとに闘われる。

『啓蒙の弁証法』には続編が予定されていた。著者たちはやり過ぎてしまったと思っていたのかもしれない。ホルクハイマーは「いまだ書かれざる肯定的な弁証法的教義《ドクトリン》」に希望をかけていた。啓蒙は救出か再生を求めているように思われたのだ。しかしそれが実際に書かれることはなかった。なぜ書かれずじまいだったのかについては、様々な議論がある。『啓蒙の弁証法』の断片《フラグメント》的構成——アフォリズムの使用、モンタージュ、反体系性——に着目する者もいれば、ホルクハイマーとアドルノの否定にたいする知的こだわりを強調する者もいる。それから、著者ふたりの左翼との断絶、政治に関わることにたいする恐れに注目する者もいる。だが、理由は別のところにあるのかもしれない。「肯定的な弁証法的教義」を提供することは不可能だと気づいただけだったのかもしれない。なぜなら、著者たちはもはや何か言うに値する「肯定的《ポジティヴ》」なことを持ち合わせていなかったからである。

第六章　ユートピアの実験室

一七九五年、フリードリヒ・シラーは『人間の美的教育について』を出版した。シラーが保存しようとしたのは、ユートピア的約束だった。恐怖政治や、一七九四年のロベスピエール処刑を経てそれに続いた反動的揺り戻し——テルミドールの反動——のなかでフランス革命が破壊してしまった約束のことである。シラーは、現実にたいするユートピア的な応答として、美学を導入した。この古典的著作が描き出す新たな生活世界では、感覚《センス》的性質と、形式《フォーム》を付与する性質を備えた遊戯衝動《プレイ・インパルス》が生存を変容《トランスフォーム》させ、労働と科学の性格を間接的に再定義する。美的領域が具現化するのは人間の「内なる真実《インナー・トゥルース》」である。美的領域は身分と権力の差異を消し去り、新たな連帯の形態、自由、自然の非道具的な扱い方を投射《プロジェクト》する。ユートピアは芸術が生成する「美しい幻想《ビューティフル・イリュージョン》」のなかにある。しかしこの幻想は統整《レギュラティヴ》的理念としても機能する。自らの解放的基準や目的と調和するようなかたちで、現実を形成するのである。それが体現するのは、歴史に裏切られた幸福の約束《プロミス・オブ・ハッピネス》である。

フランクフルト学派はそうした約束の実現を指し示す廃墟、断片、忘却されたイメージを贖うための実験に乗り出すだろう。同時代のプロレタリア革命は全体主義に転じ、新たな前衛《アヴァンギャルド》はその歴史的使命において挫折したかもしれない。しかし、依然として、フランクフルト学派による再生プロジェクトにはマルクス主義が刻印されていた。新たな物質的状況は、学派が美学と形而上学に転じることを正当化すると見なされた。完全に管理された社会と道具的理性の支配に異議を唱えることは、芸術の政治利用というありきたりな試みの拒否を求めていた。

美学についての批判的立場は、いまや、次のようにほのめかしていた。芸術の目的はリアリズムの観点から社会の悪を描くことでもなければ、物事がどうあるべきかについて月並みな意見を述べることでもないし、大衆《マッセズ》に媚びることでもない。批判理論がなすべきはミメーシスの再定義であり、そのさい目を配るべきは、モンタージュや意識の流れなど、現実を経験するための、そして人々《オーディエンス》のユートピア的憧憬を引き出すための新たな形式――新たな幻想――である。これらの憧憬はおそらく、最も実現されそうにないときに最高潮に達するだろう。それこそまさに、一九二四年、ゲーテの『親和力』についての素晴らしいエッセイ末尾の有名な一節でヴァルター・ベンヤミンが言外にほのめかしていることである。「希望なき人びとのためにのみ、希望はわたしたちに与えられている」。

ユートピアを先取りする

エルンスト・ブロッホはベンヤミンのこの一節を好んで引用した。しかし、ユートピアにはもっと確固たる政治的哲学的下支えが必要であるとブロッホは信じていた。生涯にわたって「より良き生活《ベター・ライフ》の夢」に心を奪われ続けるなか、ブロッホが提供しようとしたのは、まさにそれであった。その内容を明示しようという試みに導かれ、霊魂再来から錬金術まで、ありとあらゆる事柄について長大な論考が書かれた。しかし彼は同時に、革命史の地下水脈をなす挫折した蜂起、忘れられた実験、実現しなかった観念に触れつつ、ユートピアに物質的基盤《マテリアル・ファウンデーション》を与えた。そのどれもが、平等、正義、自由のうえに築かれた世界を暗示している。ブロッホの著作はこうして人類と同じくらい古い観念を再び活性化させるのである。彼の著作はとめどなく自由に流れ、連想的に結び合わされていく性質を持っており、それを古典的な博覧強記、表現主義的な文体、黙示論的な幻像が補完する。先取りする幻想《ファンタジー》が、批判的に用いられた記憶《メモリー》と混ざり合う。同時代の労働者評議会を皮切りに、時代をさかのぼり、ヨーロッパの自由都市、トマス・ミュンツァーのような忘れられた革命的宗教改革者《プロテスタント》たち、自然権の起源、多種多様な宗教の教典から、政治的解放《ポリティカル・エマンシペーション》の衝動が少しずつ拾い集められていく。

なるほど、ブロッホの主張は論証的というより断定的であることがあまりに多かった。解釈基準が明瞭でないこともときおりあった。幻想と論理の線引きをぼやかすこともしばしばだった。だが、ブロッホが求めたのは、ユートピアを具体的《コンクリート》にすることである。最良の生活《ベスト・ライフ》が、全体性のなかで今現在は疎外されている契機《モメント》すべてに異議を唱える。世界を個体性の百花繚乱の実践の実験に転化する、主体と客体の合一《ユニティ》を、投射《プロジェクト》する。この広大な営為に生命を吹き込む目的は、全三巻の『希望の原理』を締めくくる数行で結晶化《クリスタル》する。

> 人間はいたるところで前史にある、いや、いっさいがまだ正しい世界としての世界の創造以前にある、ということになる。真の創世記は初めにではなく終わりにある。そして、現実の創世記がようやく始まるのは、社会と現存在とが根源的になるとき、すなわち両者の根がたがいに結びあうときである。しかし、歴史の根源は、労働し、創造し、所与性を造りかえてそれを追いこしていく人間である。人間が自己を把握し、外化も疎外もない自己の有り方を実在的な民主主義のなかに確立するとすれば、そのときには、世界のなかに、すべての人間の幼年期を照らしだすものであるとともにまだかつて誰も行ったことのないところ、すなわち故郷が成立するのである。
>
> （『希望の原理』、三巻六一〇頁）

エルンスト・ブロッホは長い生涯を通してこの立場に近いものに寄り添い続けた。『主体=客体』（一九四九）や、「カール・マルクス、死、および黙示録」と題された『ユートピアの精神』の有名な結論で提示されるヴィジョンも大枠では同じものである。ブロッホはドイツのアヴァンギャルドの中心人物で、一九三〇年代に最終的にはスターリン主義を是認した独立独歩のマルクス主義者だった。第二次世界大戦後にライプツィヒ大学の教授となり、一九六一年にベルリンの壁が建設される直前に西ドイツに移住し、亡くなるまでチュービンゲン大学で教鞭を執った。第一次世界大戦が始まる前の数年間、ブロッホとルカーチは親友関係にあった。ふたりはともにマルクス主義者となり、ふたりの仕事には、ロシア革命の英雄的な年月と結びついた野心や希望が反映されていた。カフェにたむろするときも、会合に参加するときも、つねに一緒だった。そのあまりの近しさゆえに、ふたりの個性は溶け合い、トーマス・マンの小説『魔の山』(一九二七)でナフタ——イエズス会的な側面を持つ偏屈で権威主義的な人物——となった。一九二〇年代後半、ふたりは様々な美学的、哲学的問題をめぐって決裂した。にもかかわらず、ふたりの仲たがいは、一九三〇年代の「表現主義論争」という名で知られることになる文学の政治的含意をめぐる諍いにおいてようやく公になった。

『歴史と階級意識』は一九二四年にコミンテルンに糾弾されていたが、ルカーチはその後コミンテルンと和解していた。ルカーチは組織にとどまる決意をし、その決意を翻すことはなかった。だが彼の思考は、良きにつけ悪しきにつけ、ますます硬直的になり、教条性が強まっていったし、それればかりか、ブルジョワの保持する革命の遺産を共産主義と結びつけることにますます心を砕くようになっていった。まちがいなくこれが動機として働き、ルカーチは文句なしに両大戦間の最重要の文学論争となったものを引き起こしたのだった。

ルカーチは反ファシズムの人民戦線を求めて高まる呼び声を反響させ、ナチズムの文化的根元を理解しようと努めていた。そんなルカーチが挑んだのは、ヨーロッパのモダニズム全般、具体的にはドイツ表現主義だった。問題視されたのはこれらの非合理主義、主観主義、ユートピア主義である。「表現主義の「偉大さと没落」」（一九三四）や「リアリズムが問題だ」（一九三八）といった論文は、流行のアヴァンギャルドのトレンドがファシズムの繁栄を可能にする文化的前提条件の創出に手を貸した、と主張する。ルカーチが代案として提案したのはある種の「批判的リアリズム」――おそらくオノレ・ド・バルザック、レフ・トルストイ、トーマス・マンの作品において範例的に現れているもの――だった。

ブロッホは「表現主義についての討論」（一九三八）やその他の論文で、ルカーチの議論の筋道に異議を唱えた。文学を政治に還元することに反対し、表現主義的企図の人道主義的性格を力説し、抜き差しがたくファシズム的世界観の一翼を担う文化的俗物根性にたいする表現主義の攻撃を強調した。ブロッホの表現主義擁護には別の理由もあった。表現主義のユートピア的感性と新しい人間のヴィジョンである。彼は決して自身の初期の著作を否認しなかった。ルカーチはかつて最悪の社会主義は最高の資本主義より良いと述べたことがあったが、それとは対照的に、ブロッホは最悪の社会主義など社会主義ではないと言い切った。社会主義がその名に値するものであることを証明するには、最良の生活《ベスト・ライフ》を予示《プリフィギュア》しなければならない。ユートピアはサミュエル・バトラーが「エレホン erewhon」と呼んだ土地――（だいたい）逆さに綴られた「どこでもない nowhere」――であってはならないのである。

6　エデンの園はおそらく最も強力なユートピアのイメージである。

ブロッホは社会主義をユートピアの投射《プロジェクション》として理解していた。社会主義が果たすべきは再構成《リコンフィギュア》された全体性《トータリティ》であり、それが、人類と自然の新たな遇し方に加えて、文明の豊饒《リッチネス》さを経験するための新たな機会を提供するのである。ブロッホの展望は終末論的だが、信仰や象徴に還元することは全く不可能だった。ユートピアの先取り《アンティシペーション》は、エデンの園にまでさかのぼる最も基本的な人間経験やイメージに見出すことができる。しかし、スポーツのスリル、愛の欲望、童謡、白昼夢、真の芸術作品において経験される陽気さ《ライトネス》のなかにも、最良《ベスト》のものは顕在する。その一つひとつが我々の探し求める世界のかすかな予示《プリフィギュレーション》であり、人間の歴史《ヒューマン・ヒストリー》は生命の多数の次元においてそれを分節《アーティキュレイト》し実現《リアライズ》しようとする一つの長い闘争なのである。

死を含め、わたしたちのありとあらゆる失望や恐怖を下支えしているのは、救済の希望《ホープ》であり、人類に与えられることのなかった自由《フリーダム》である。ユートピアが存在論的基盤を受け取るのは、希望の経験《エクスペリエンス・オブ・ホープ》と、存在に本来的に備わっている不完全性《インコンプリート》においてである。批判的思考の課題は、過去の再解釈を可能にする「先取り意識《アンティシパトリー・コンシャスネス》」を強調することによってこれらの無意識《アンコンシャス》的で半意識《ハーフ＝コンシャス》的なあこがれを照らし出すことである。たとえば『キリスト教の中の無神論』（一九六八）は共産主義の宗教的諸根元を強調している。そうであればこそ共産主義は解放神学に影響を及ぼすことになり、解放神学はラテンアメリカやその他の旧植民地世界においてかくも拡まったのである。その一方で、『自然法と人間の威厳』（一九六一）は、公正な処遇にたいする希望と恣意的な制度的権力の制約が、下層の人間や侮蔑されてきた人間の奮闘に活気を与えてきたことを力説している。

　わたしたちが持っているものは必ずしもわたしたちの欲しいものではないし、わたしたちの欲しがるものだけがわたしたちの持てるものだとはかぎらない。そのことを、ユートピアはわたしたちに気づかせてくれる。合理的《ラショナル》なものを現実的《リアル》なものに還元し、魔術や狂気や幼年期の幻想のようなものに埋もれて実現されぬままになっているユートピア的要素を見逃しているかぎり、啓蒙思想は批判を免れ得ない、とブロッホは言う。ブロッホはそのような心理状態を美《ロマン》化し、それらを褒め称える者に過剰に自己投影し、ユートピア哲学にとっての重要性を過大に見積もりすぎた、と論じることは可能だ。しかし、ブロッホの営為の持つ批判的契機《クリティカル・モメント》とは、不合理の合理を描き出そうという試みであり、それは批判理論の伝統内部に堂々とそびえているものである。このことは、魔術や神秘主義を理解するためのみならず、直観的なものや不合理なものを特権化する人種主義《レイシズム》などの諸イデオロギーに埋めこまれた「偽《フォールス》ユートピア」を理解するうえで重要である。

ブロッホがつねづね主張していたように、未来とは、現在を機械的に作り込んでいったようなものではない。過去を消し去ることで未来に通じる階段や段階が浮かび上がってくるものではない。しかし、ユートピアを現実との急激な断絶と考えるべきでもない。そうではなく、ユートピアは、弁証法的なやり方で過去を再生《リニューアル》する。存在はしているがいまだ意識されていない《ノット・イエット・コンシャス》ものを、意識的《コンシャス》なものに変えるのである。かくして、どんな物語も解釈にたいして開かれ、解釈は再解釈にたいして開かれることになる。存在はつねに未完であり、その目的《エンド》はつねに「いまだ《ノット・イエット》」である。絶対的な救済も贖罪もない。最後の審判の日はない。人類が己の無視してきたものを省みるとき、最良の生活《ベスト・ライフ》の夢はいつも新たにかすかに煌めく。

どこにでもある人工物、見向きもされなかった宝物が露わにするのは、最良の生活《ベスト・ライフ》についての不完全な夢である。ブロッホの視線はザラスシュトラや孔子から、虚構の存在であるシェヘラザードが紡いだ伝説的な物語やノストラダムスの十六世紀の予言、ロマン主義やマルクス主義やモダニズムへと彷徨っていく。時間、死、優しさ、多種多様な感情についての異なった理解が、ブロッホが「ユートピアの実験室」と名づけたもののなかで生命を帯びる。この実験室を稼働させるには、寛容《トレランス》とコスモポリタンな心性《マインド・セット》が必須である。だからこそなおさら、「変節者のための祝祭」と題された悪名高き一九三八年のエッセイで、ヨシフ・スターリンによる世論操作のための裁判をブロッホが擁護したというのは、悲しくも皮肉なことである。ブロッホほどに豊饒で、多彩で、鮮烈で、可能性ではちきれんばかりのユートピアの概念化を行った思想家は他にいない。そこには全体性《トータリティ》の契機《モメント》一つひとつを変容《トランスフォーム》させたいという希望《ホープ》がある。しかし、全体は部分の総和以上のものだ。ひとつの要素の先取り《アンティシペーション》的潜勢力《ポテンシャル》を実現しようという試みは、必然的に、別の試みに突き当たる。ブロッホが「世界という実験《ワールド・エクスペリメント》」と名づけたものは、完全に履行されえない。ユートピアはいつまでもユートピアであるほかないのである。

生存の平和回復《パシフィケーション》

ヘルベルト・マルクーゼも同意見だった。しかしマルクーゼのユートピアの取り扱い方はかなり異なっていた。『エロス的文明』（一九五五）は、太古の昔より抑圧されてきた解放的欲望や希望や幻想を分節《アーティキュレート》しようという試みである。マルクーゼは学問の道に入った当初からずっとシラーに関心を持っていた。彼の世代の若きラディカルたちは、ゲーテよりも、その他の十八世紀ワイマールの文人たちの誰よりも、まずシラーを信奉した。アウシュヴィッツやグラグを経て、新たな冷戦においては核兵器による全滅がありうることがわかったいま、批判を始めるにはそれに適した新たな立脚点が必要であることを、マルクーゼは理解していた。シラーの提唱する美しい幻想、遊戯衝動、維持された幸福という考えが提供した基盤は、現実《リアリティ》原則《プリンシプル》、それから、その資本主義的変異体《ヴァリアント》である実行原則《パフォーマンス・プリンシプル》と、人類史的《アンソロポロジカル》に断絶するのにうってつけだった。

フロイトがこれらの用語と関連づけたのは、遅延された満足と、無意識にとどめられている本能的性的欲望の抑圧である。欠乏の世界で生き延びるには、そのどれもが欠かせないと考えられた。しかし、マルクーゼは、近代的な欠乏の世界が人為的に維持されているとほのめかした。先進産業社会の構造は、自らの存続を確かなものにするために、ある種の「剰余抑圧《サープラス・リプレッション》」を強制していた。

帝国主義、軍国主義、経済的搾取、家父長的家族構造、宗教的教条主義、消費主義が生み出す虚偽の欲求、これらはすべて、先進産業社会を不合理なものにする。唯一、原罪意識のようなものだけが、この社会の価値体系や制度と同一のものを持ち続けている。解放を求める欲望や、叛乱についての原型的思想――原初的父の押しつける不平等な労働と満足の配分に抗する息子たちの叛乱――は鎮圧されねばならず、そのために処罰が探し求められ、実際に用いられる。これらの叛乱や漠然とした解放の夢は、思い出すには恐ろしすぎるもので、霧に包まれている。これらは抹消されなければならない。個人は文化産業によって無感覚状態にされ、オルタナティヴを奪われ、反省性を失い、活気はあっても究極的には意味のない生存のめまぐるしさに絡め取られる。こうして、個人は自らの歴史にたいするコントロールを失う。

抑圧によって不合理なルサンチマンや暴力が育成されるかぎり、社会活動や政治活動の焦点はますます解放ではなく破壊のほうに向かっていく。しかしこれはユートピア的憧憬を強めるばかりである。だがそれと歩調を合わせて罪の意識も強まるし、そこから派生する新たな処罰の必要性についても同様である。そして、そうした処罰の基礎にある遅延された満足の方法は、以前にも増して操作的で、必然性を欠くものになっていく。従って、物質的進歩《プログレス》の基盤は心理的退行《リグレッション》にある。先進産業社会に生きる個人は自らの罪の意識と向き合うことができず、実行原則の抑圧的価値体系を絶えず再生産していく。

この全否定がユートピアである。ユートピアが投射《プロジェクト》するのは、創造活動の昇華《サブリメーティド・》形態《フォーム》——主体と客体を結び合わせ、リビドーをあらゆる制約から解放するもの——である。ユートピアにおいて、人類は心理的に再構成される。欠乏は克服され、個人は互いを道具的観点で見つめることを止める。人々は利害関心の埒外に置かれ、労働《ワーク》は遊戯《プレイ》となる。新たな感性《センシビリティ》が形成され、残酷さや搾取や暴力にたいして生理的嫌悪に近いものを覚える。これで終わりではない。時間はもはや直線的な言葉では捉えられず、むしろ、自然に従い、内的で円環的《サークル》なプロセスとして思い描かれるようになる。それはニーチェが「永劫回帰《エターナル・リターン》」と名づけたものに近い。こうして、維持された幸福は、死は生の展開ではないという思想において、ついに、ひとつの思弁的可能性となる。『解放論の試み』でマルクーゼはユートピア的生存を次のように表現している。

技術はその時芸術となり、芸術はその時現実の形式をつくることになるだろう。想像力と理性、高等能力と下等能力、詩的思考と科学的思考の対立は意味を失うであろう。つまり新しい現実原則の出現である。その下では新しい感性と脱昇華された科学的知性とは結びついて一つの美的エートスを創造するであろう。(『解放論の試み』三九頁。訳文を一部改変)。

マルクーゼの著作のなかでも『エロス的文明』はとりわけ雪崩のような大量の批評を招いてきた。しかし想像力豊かな名著であることに変わりはない。フロイトの『文明への不満』(一九三〇)におけるきわめて悲観的な展望や、その他のメタ心理学《サイコロジー》的な思索を変容《トランスフォーム》させ、ラディカルにユートピアのヴィジョンのための基盤としたのである。マルクーゼは本能を再構造したいという欲望をしっかりと繋ぎとめつつ、最もドラマティックなやり方で疎外に異議を申し立てることを目論む。マルクーゼが提出するのは、強制収容所的世界《ユニヴァース》における人間性《ヒューマン・ネイチャー》のサディスティックな倒錯にたいする、解放的な対位旋律《カウンター・ポイント》である。「生存の平和回復《パシフィケーション》」だけが、死を恐れることなく幸福を持続的に経験することだけが、タナトスにたいするエロスの勝利をもたらす、とマルクーゼは力説する。ユートピアは、進歩が実際には野蛮の表れとなっている世界と対峙するための、唯一現実味のある見地なのだ。

『エロス的文明』が出版された当時、西洋世界における知的生活を支配していたのは、フランスにおいてはジャン゠ポール・サルトルと実存主義者であり、ドイツにおいてはギュンター・グラスと「四七年グループ」であり、アメリカではビート世代だった。これらとは違う何かをマルクーゼは提供した。これらの悲観主義に異議を唱えたのである。マルクーゼのヴィジョンはその後、若者世代をけしかけ、精神を拡張させ、新しいタイプの倫理的理想主義を信奉させようとした。マルクーゼは愚かではなかった。彼は自らの提唱するユートピアが、その実現を妨げる矛盾のうえにあることを知っていた。解放された社会をもたらすことができるのは、すでに解放された個人だけである、という矛盾だ。彼はまた、自身のヴィジョンが思弁的性格を帯びており、まさにそれゆえに批判的なのだということにも気づいていた。しかし、マルクーゼの考えは批判理論の合理的基盤《ラショナル・ファウンデーション》を脅かしていると考えた者たちもいた。

　ユルゲン・ハーバーマスの「〈イデオロギー〉としての技術と科学」(一九六八)はマルクーゼにたいする激烈な攻撃を仕掛けており、マルクーゼとは非常に異なった視点を提示している。ハーバーマスの主張によれば、技術《テクノロジー》には存在論的構造がある。真実を主張する言明を立証するには、そのための基準を明確化する必要があり、そうした明確化もせずに新しい科学について語るのは反則行為であるということになる。しかしながら、次のように反論できるだろう。ハーバーマスが行ったような批判は内在的というよりは外在的であり、マルクーゼの争点を外している。真の問題は、現実を告発するうえで適切に理想的な基準を『エロス的文明』が提供しているかどうか、である。もっと不躾に言えば、『エロス的文明』のヴィジョンはどれほど真の意味でユートピア的なのか、その含意するところはどれほどラディカルか、ということが真の問題である。

エーリッヒ・フロムはまさにこれらの問いを念頭においてマルクーゼを批判している。フロムの議論は『精神分析の危機』（一九七〇）や『精神分析の見直し』（一九九二）に収められた様々なエッセイに現れている。社会的条件が他に抜きんでて性格形成に及ぼす影響を強調しつつ、フロムはすでに一九三〇年代にフロイトのメタ心理学《サイコロジー》的主張や本能論を疑問視していた。これが原因でフロムは社会研究所のインナー・サークルと疎遠になり、一九三九年の公式の決裂につながっていった。フロムにしてみれば、心理学のための哲学的基盤《フィロソフィカル・ファウンデーション》、すなわちメタ心理学《サイコロジー》は、臨床的実践《クリニカル・プラクティス》と結びつくかぎりにおいてのみ有用なのである。現実《リアル》の個人の現実《リアル》の経験との結びつきがなければ、そのようなメタ心理学《サイコロジー》は必ずや概念の恣意的操作に頼るはめになり、個人の苦しみを和らげることに関する問題を無視することになるだろう。

　フロムはマルクーゼの犯した様々な専門的な誤りを指摘してもいる。たとえば多形的セクシュアリティだが、フロイトはこれを思春期前のセクシュアリティという観点から定義している。それゆえ、その充足を求める憧憬――マルクーゼの主張によれば、ユートピア的なものと考えられる憧憬――は、実のところ、幼児幻想に立脚していることになる。従って、フロムの見るところによれば、『エロス的文明』の推すユートピア概念は、実のところ、退行やエゴの忘却を覆い隠すヴェールとして機能しているということになる。しかしながら、この批判の当否がどうあれ、フロムにとって次の点に変わりはない。批判理論が強調すべきは、依然として、治療《セラピー》の試みの重要性である。資本主義社会における個々人の成熟、独立、合理性を育成しようという治療《セラピー》の試みのことだ。これ以外の姿勢は、どんなユートピア的主張を備えていようと、理論を実践から切り離し、思弁的主張を経験論的実証から隔ててしまうだろう。そして、そうすることで、批判的営為がもともと持っていたヴィジョンや合理的性格を裏切ることになるだろう。

社会研究所のインナー・サークルのなかでかつてフロムの同僚だった者たちは、この主張を全面的に真剣に受け取った。メタ心理学《サイコロジー》にたいするフロムの攻撃はフロイトのラディカルな遺産の見直しとなっている、と彼らは考えたのである。それは、『啓蒙の弁証法』の萌芽となった人類史的《アンソロポロジカル》文明批判という路線の正統性を切り崩しかねない脅威だった。テオドール・アドルノは「社会科学と精神分析における社会科学的傾向」(一九四六)においてフロムの見解を猛烈に批判した。マルクーゼもまた、フロイト的「修正主義」だと反論した。彼の反論はまず「ディセント」誌(一九五六)に現れ、最終的には『エロス的文明』の補遺となった。ここには重要な問題が絡んでいる。批判理論の性格と、批判理論が採るべき方向性という問題だ。

もしフロムが正しければ、批判理論は再び――新たなやり方で、新たな条件下ではあるが――自らを実践の理論《セオリー・オブ・プラクティス》と見なさねばならない。その場合、批判理論は、搾取と抑圧に対処するための実践的《プラクティカル》なアイディアを提出すべきであるし、人間主義《ヒューマニズム》や啓蒙主義につらなる倫理的伝統にもっと重心を置くべきである。ところが、メタ心理学《サイコロジー》を奉じることは、虚偽状態の存在論を肯定することである。その場合、抵抗《レジスタンス》の可能性とラディカルな自由《フリーダム》の概念を保持することを可能にするのは、否定弁証法と人類史的《アンソロポロジカル》断絶のヴィジョン以外にないことになる。理論が実践をやり込める。臨床治療《クリニカル・セラピー》を優先し、個々人の心理的苦境の改善を旨とすれば、現状と妥協し、抑圧に適応することになる。アドルノは『ミニマ・モラリア』でこの問題を衝撃的なかたちで書き記している。「間違った生活は正しく生きられない」。だがしかし、間違った《ロング》生活の間違いの度合いには幅があるかもしれないし、それを生きる際の正しさ《ライト》の度合いには幅があるかもしれない、ということもありえる。

何が欠けているのか？

フランクフルト学派が提出した最良の生活《ベスト・ライフ》についての解釈は、トマス・モアの『ユートピア』（一五一六）や、アメリカでベストセラーとなったエドワード・ベラミの『かえりみれば』（一八八七）が提供したものとは大きく異なっていた。これらの古典的ユートピア文学は、現存する世界に異議申し立てをしようとしたが、その際、その当の世界が当たり前のように前提としていたもの――たとえば奴隷制や技術進歩――をうちに取り込んでいた。現実原則と人類史的《アンソロポロジカル》に断絶している作品は言うまでもなく、現実原則と真にラディカルに断絶している作品さえ稀である。古典的ユートピア文学のうちに暗黙に含まれている危険性は、事実、非《ディス》ユートピア作品の主要テーマをなしている。たとえば、エヴゲーニイ・ザミャーチンの『われら』

（一九二一）、オルダス・ハクスリーの『すばらしい新世界』（一九三二）、またはジョージ・オーウェルの『動物農場』（一九四五）と『一九八四』（一九四九）である。これらの作品はすべて、共産主義的全体主義や技術進歩を辛辣に批判している。それに、道徳的放埒さや維持された幸福のヴィジョンにたいする警告でもある。ここでのユートピア――ユートピアを実現しようという夢、と言ってもよい――は、ある特定のやり方で組み合わされた危険成分を含む魅惑的な麻薬という扱いである。

もしかするとそれがユートピアのあるべき姿なのかもしれない。ユートピアを現実にしようという試みは、共産主義やファシズムが歴史の舞台に登場するずっと前から、流血沙汰をもたらしていた。黙示論的救済という考えは妥協を排除する。ユートピアはつねに予言から生まれた独善性を持っていたし、暴力賛美も珍しいことではなかった。自らの使用した恐ろしい手段を正当化するのに、そうした手段が約束してくれた解放の目的を持ち出すのが、ユートピア主義者の伝統的なやり方だった。ユートピアは非合理的で抽象的であり、漠然としていて不確定であり、人間性《ヒューマン・ネイチャー》の何たるかを忘却していると嘲笑する理由には事欠かない。

しかし最良の生活《ベスト・ライフ》の夢は人類《ヒューマニティ》不朽の主題である。ユートピアは哲学の語彙において最も過小評価されている概念かもしれない。それに、ユートピアには異例の実際的な重要性がある。大衆《マス》的イデオロギーはどれもユートピア的構成要素を持っている。偉大な運動が鼓舞され、バリケードが築かれたのは、純粋に実際的な理由だけではなかった。「ひとはパンのみにて生きるにあらず、とりわけパンの一つも持たぬ時は」とブロッホは書いた。ユートピアには実存的構成要素がある。ユートピアは理想であり、そのために自らすすんで己の命を賭けられることを、無数の個人が証明してきた。

　ユートピアをリアリズム的に描きすぎないよう、理論家は注意を怠ってはならない。しかし、手直しや描き直しが可能なスケッチにはいつも余地がある。スケッチはせいぜい、未完にとどまり続ける絵画のための下描き程度のものでしかない。突き詰めれば、ユートピアは統整的《レギュラティヴ》理念である。ユートピアは文明の成し遂げたことがいかにちっぽけであるかをわたしたちに感じさせ、未来に成し遂げられるかもしれないものの先取りされた痕跡《アンティシパリー・トレース》を与える。ユートピアは革命《レボリューション》を鼓舞してきた。しかしユートピアは、改革《リフォーム》をめざす奮闘も――困難なもの、退屈なもの、ときに危険でもあるものを含めて――鼓舞してきている。個々人の生活を改善しようという治療的《セラピー》試みでさえ、いかに生きるべきかということに関して、思想や理想に言及する。ユートピアのせいで政治活動家《ポリティカル・アクター》が社会的現実や倫理的制約に盲目になってはいけない。スケッチは、最良の生活《ベスト・ライフ》を追究するうえで出てくる多面的問題を明らかにできる。それに、いかに人類が依然として発展途上《ワーク・イン・プログレス》であるかを示すことができる。ユートピアは決して個人を忘却しようとはしなかった。「統一された多様性《マルチプリシティ・イン・ユニティ》」を推し出し、より豊饒《リッチ》で複雑《コンプレックス》な個体性《インディヴィデュアリティ》の形態を育むもの、そういうものとしてユートピアを見ようではないか。

　イメージで捕まえようとしても、描写で限定しようとしても、哲学的カテゴリーに還元しようとしても、最良の生活《ベスト・ライフ》はすり抜けていってしまう。それこそがユートピアの強みである。ユートピアが露わにするのは、現実がどのようにして「邪悪な呪縛」とT・W・アドルノが呼んだもの——即時の欲求充足を取り囲み、批判的想像力を腐食させている呪物《フェティッシュ》——の影響下で存在しているかである。もしかするとユートピアが存在するのは、児童書のヒーローである子牛フェルディナンドのように、欠乏やプレッシャーから解き放たれ、芝生に寝転んで空を見上げている瞬間だけなのかもしれない。経験されるやいなや過ぎ去ってしまう一瞬の煌めきのなかにしかないのかもしれない。しかし、だとすれば、ユートピアは、単一の憧憬や単一の欲望だけに依拠しているのではない、ということになる。不死への憧憬であるとか、維持された幸福や究極的な意味《アルティメット・ミーニング》への欲望でさえ、ユートピアの唯一の拠り所ではない。ブレヒトのユートピア劇『マハゴニー』（一九二九）にある真に転覆的な観念とは、「何か欠けている」というものだった。しかし、だとすると、何かはいつも欠けているのである。

第七章　幸福な意識

進歩を最終的に遂行するのは大多数から逸脱する人間である、とヘーゲルは信じていた。この人間だけが、真に独立独歩なこの者だけが、自由に課せられた制約を本当の意味で経験する。この人間だけが、人口に膾炙した幸福についての解釈を問い直す立場にいるのである。ヘーゲルにしてみれば、「不幸な意識《アンハッピー・コンシャスネス》」こそが、進歩の源泉にほかならなかった。同じことがフランクフルト学派にも当てはまる。学派メンバーは近代生活や文化産業にたいして様々な批判を提出した。しかしそのなかで最も示唆的なのは、先進産業社会が不幸な意識にもたらす脅威かもしれない。危機に瀕しているのは主体性《サブジェクティヴィティ》と自律《オートノミー》の内実である。つまり、生の意味や経験を決定しようとする外在的な力に抗う個人の意志《ウィル》と能力《アビリティ》である。

マックス・ホルクハイマーはレオ・レーヴェンタールに次のように書いていた。大衆文化の詐術によって、個人は自分なりのやりかたで時間を経験できなくなっている。つまり、アンリ・ベルクソンが「持続《デュレ》」と呼んだものを大衆文化は個人から騙し取っているのだ。マルクーゼは次のように危惧していた。人々はもはや主体《サブジェクト》として行動する力量を持ち合わせておらず、な

7　順応主義と個体性の喪失が幸福の意識に刻まれている。

にか重要なものを選んでいると錯覚させられている。『啓蒙の弁証法』でホルクハイマーとアドルノが明確に表現したのは、学派のインナー・サークルの一般的態度となるものだった。

晩期資本主義においては、生存するということは不断の通過儀礼なのだ。そこでは誰でも、自分が打ちのめされる当の権力に、あます所なく自己を同一化していることを示さなければならない。それは、リズムをはずすことを馬鹿にしながら同時にそれを規範に高めるジャズのシンコペーションの原理のうちに如実にあらわれている。ラジオから流れるクルーナーの去勢されたような甘い歌声、タキシードを着たままプールに落ちる女相続人の情夫、それらは体制が無理に折り曲げようとする方向に合せて、自分自身を仕立てあげなければならない人間たちにとっての模範なのだ。誰だって身ぐるみ残らず引き渡し、幸福への要求を譲り渡してしまいさえすれば、全能の社会同然になり、幸福になることができるのだ。

（『啓蒙の弁証法』、三一三―一四頁）

文化産業はいかに稼働するか

大衆社会《マス・ソサエティ》に反対することは、大衆文化《マス・カルチャー》に反対することである。それがフランクフルト学派の前提だった。インナー・サークルは知的アウトサイダーの立場を採った。マスメディアが右翼的大義を擁護しがちであることはわかっていた。しかし文化産業が一見したところ革新的に見える傾向を備えた作品を作り出せることも、彼らにはわかっていた。マスメディアはすでに資本主義、不寛容、パワーエリートと少なからず衝突してきていた。しかしながら、そうだとしても、マスメディアは経験を標準化し、批判的省察を切り崩しているように見える。フランクフルト学派によれば、文化産業はその性質上、あらゆる反対を自分のなかに取り込んでいく。人気《ポピュラリティ》を博すれば、その作品は直ちに無力と化す。どんな作品もそれを逃れられない。ワシリー・カンディンスキーの非具象的絵画も、アルノルト・シェーンベルクの厳格に知的な音楽も、例外ではない。

ここにはある力《ダイナミック》が絡んでいる。クラシック音楽はかつて映画（たとえばチャーリー・チャップリンやフリッツ・ラングの映画）の背景の役割を果たしたが、今日では、ＣＭの背景の役割を果たしている。その一方で、伝統に抗したアヴァンギャルドは美術館入りした。アヴァンギャルドの作品にしても、いまではリベラルな良識派が穏やかに鑑賞できるものである。ときおり、文化産業の提示するものが文化俗物に多少の居心地の悪さを感じさせることはある。しかしそれは空騒ぎにすぎない。芸術作品に内在する批判的ないしはユートピア的潜勢力《ポテンシャル》はすでに無効化されている。自由で裕福な社会における、自由な表現《フリー・エクスプレッション》のまた別の一形態にすぎないものに還元されてしまっているのだ。

文化産業《カルチャー・インダストリー》は完全に管理された社会の本質的な特徴である、とフランクフルト学派は信じていた。文化は支配階級を支えている、というのがマルクス主義者の常套的な見方だったし、ルイ・アルチュセールはのちに「イデオロギー的国家装置」について論じた。しかしフランクフルト学派はこの路線の議論を別方向に進めた。大衆文化の性格、大衆文化が知的水準にもたらす現在進行形の攻撃に関して、インナー・サークルは様々な前提を立てたが、そこに絡んでくるのは、保守派が最初に提起した憂慮や懸念の取り込みである。

十八世紀の時点ですでにエドマンド・バークは「生活の繊細な襞」が引き裂かれてしまっていると気を揉んでいたし、洗練度では劣るがラディカルさでは勝る十九世紀や二十世紀のバーク信奉者《フォロワー》たちは、ギュスターヴ・ル・ボンを引用し、「大衆が王となり、野蛮の波が盛り上がっている」と力説した。ホセ・オルテガ・イ・ガセットが「大衆人《マス・マン》」と呼んだものに、そうした人間が公的生活《パブリック・ライフ》に入り込んでくることに、エリートはつねに警告を発していた。だからこそ、批判理論と、生粋の反動主義者たちによる様々な大衆文化非難との差異を強調することが重要なのである。

『啓蒙の弁証法』はこれらの主題を取り上げていた。しかし著者ふたりは、伝統や文化的権威に突きつけられた脅威に、過剰反応したわけではなかった。彼らの見解はそれ以前の著作ですでに述べられていた。アドルノは「音楽における物神的性格と聴取能力の退化」（一九三八）で、文化産業の生産物とは、芸術作品が後で商品としてパッケージ化されただけのものではなく、最初から商品として構想されたものである、と記していた。ホルクハイマーがこれに続き、「芸術と大衆文化」（一九四一）では、高級文化《ハイ・アート》を大衆娯楽《ポピュラー・エンターテイメント》に対峙させ、前者を賛美した。

技術的に最も複雑な作品だけが、省察や抵抗を育み、衰退する文化水準や絶えず移り変わっていく流行に抗うことができる、とアドルノもホルクハイマーも信じていた。ここで争点となるのは、作品内容の政治性ではなく、内容が表現される際の形式である。媒体《メディウム》がメッセージなのだ。アドルノは『ミニマ・モラリア』でこの問題を次のように不躾に述べた。「ある思想の価値は、それと既知のものの連続性の間を隔てる距離によって測られる。その距離が減少するにしたがって思想の価値の方も客観的に低下する」。

フランクフルト学派は公的生活のことになるとエリート主義的だった。だが、過ぎ去りし黄金時代のようなものにたいするロマンティックな幻想など、学派のメンバーはまるで持ち合わせていなかったし、体制派が抱いていた実存的不安には無頓着だった。彼らは熱を込めて文化産業に異議を唱えたが、それは、文化産業が経験を標準化しており、そうすることで、日常を生きる人々が伝統や権威にたいしてますます従順になるよう仕向けていたからである。フランクフルト学派の見地からすれば、物質的豊かさは精神を貧しくする。学派はこの点において、古くからあるボヘミアンでロマン主義的な考え方と一致していた。幸福な意識は糾弾されたが、それは、幸福な意識が気の抜けた虚ろなものだったからである。ヘルベルト・マルクーゼは次のように力説した。文化産業は政治的領域《ユニバース》を閉ざす共犯者である。

個人の無活動と政治生活の閉鎖は、資本主義、官僚国家、マスメディアの結果であると考えられた。ユルゲン・ハーバーマスが革新的な処女作『公共性の構造転換』（一九六一）で分析したのはこの点である。ドイツ語原著の副題には「市民社会《ブルジョワ・ソサエティ》の一カテゴリー」とある。アドルノの若弟子にあたるアレクサンダー・クルーゲとオスカー・ネクトのふたりは後に「プロレタリア」側から問題を論じ、ハーバーマスの仕事を補完した。しかしながら、公共圏《パブリック・スフィア》という言葉を社会学の語彙に導入したのはハーバーマスにほかならない。

ハーバーマスの見解によれば、公共圏《パブリック・スフィア》という領域は、国家《ステート》に属する組織化された政治《ポリティカル》制度と、市民社会《シヴィル・ソサエティ》の経済的《エコノミック》諸力とを媒介するものだった。公共圏には、公的討論《パブリック・ディベート》を育むことのできるあらゆる活動や組織が含まれていた。それは検閲なき出版《フリー・プレス》からタウンミーティング、家族からサロン、教育制度から安価な書籍生産まで、多岐に渡る。公共圏の根元は中世の自由都市にさかのぼるかもしれないが、それが根づいたのは一六八八年から一七八九年にかけての啓蒙と民主主義革命のあいだのことだった。この歴史的文脈において、開かれた熟議はそれ自体として価値を帯び始めた。権利を侵害された大衆《マッセズ》は常識《コモン・センス》を用い、個々人は自らの市民権を行使した。世論《パブリック・オピニオン》はエンパワーメントの源だった。世論は、君主政と共和政のあいだで依然として揺れ動いていた諸政治体制《レジーム》の恣意的権力から、個人を守る傾向にあった。

政治的民主主義と物質的平等を求める偉大な運動はすべて、十九世紀の社会民主主義的な労働運動から一九六〇年代の公民権運動や女性解放運動にいたるまで、活気にあふれる公共圏を生み出した。ある運動の性格や力は、それが生み出した公共圏の活力を調べていけばおのずと見えてくる、と言っても過言ではない。

しかしながら、大衆のエンパワーメントという観点からすると、問題が発生したのは、世論《パブリック・オピニオン》が世評《パブリシティ》と同一化されたまさにそのときだった。マスメディアが支配的な影響力を振るうようになると、大衆闘争は官僚的福祉国家と繋がりのある組織や専門家に自らの力を譲り渡すようになっていった。新たな文化装置はますますコンセンサスを重視するようになり、討論《ディベート》の領域を狭めていった。ハーバーマスは民主的な意志形成の果たす役割に一貫して深い関心を寄せ続けるだろう。彼が最初から一九六〇年代の学生運動を支持したのには一理ある。それに、変革された市民社会は増大する道具的理性の支配にまだ異議を申し立てていくかもしれない、とハーバーマスは考えて続けた。この点において、『後期資本主義における正統化の諸問題』（一九七三）は（論じられることのないテクストかもしれないが）傑出した一冊に数えられる。しかし、解放的言説と政治参加を第一位に置くハーバーマスの姿勢は、学派のインナー・サークルのほとんどが共有していないものだった。彼らの重要事項は「商売が造り出した言葉だけ」であり、大衆啓蒙の試みは大衆欺瞞に終わるほかないと考えていたのである。

物象化が公的生活を掌握している。そればかりか、虚偽状態の存在論が主体性や道徳的判断を下す個人の能力を脅かしている。従って、幸福な意識の力にたいする抵抗は倫理的要請となる。少なくとも、フランクフルト学派はそう信じた。ここで問われるべきは、ほかならぬ次の点である。そのような抵抗は何を含意し、何が随伴するのか。もし完全に管理された社会が真に全体的《トータル》で、どんな批判的企ても自らのうちに取り込み、飼い慣らすことができるのなら、政治活動のための見通しは暗い。政治実践としての抵抗は無価値な営為となる。否定《ネゲーション》が唯一可能な選択肢となり、否定弁証法《ネガティヴ・ダイアレクティクス》が批判的プロジェクトを定義しなければならないことになる。だがそれとは反対に、もし組織的活動《オーガナイズド・アクティヴィティ》に実効性があると証明できれば、システムは完全には管理されていないことになるし、（政策や綱領にかんして）実質的なオルタナティヴが存在するがゆえに、否定弁証法《ネガティヴ・ダイアレクティクス》とは異なる批判的アプローチが要求されることになる。完全に管理された社会を内在的な傾向と見なしても、事態は改善しない。否定弁証法《ネガティヴ・ダイアレクティクス》と実践の理論《セオリー・オブ・プラクティス》は相互に排他的な選択肢である。

寛容と公的生活

社会研究所が一九五一年にドイツに帰還した後、皮肉なことに、学派のインナー・サークルは本当の意味で公的知識人《パブリック・インテレクチュアル》になった。マックス・ホルクハイマーはフランクフルト大学の学長に就任した。ホルクハイマーは共産主義もナチズムを生み出した社会的分裂のたぐいもともに恐れ、ヴェトナム戦争を支持し、学生運動の断固たる批判者となった。その一方で、ヘルベルト・マルクーゼとエーリッヒ・フロムは一九六〇年代から七〇年代にかけて知識人の代表格《スーパースター》になった。ふたりともニュー・レフトに共鳴し、社会正義、反帝国主義、人権、核兵器廃絶、軍産複合体にたいする制約を旗印に掲げた運動を公然と支持した。

ユルゲン・ハーバーマスだが、彼が現代の政治問題について書いた文章は数え切れないほど多数の本に収録されている。ハーバーマスは早くから教育改革やニュー・レフトの擁護者であり、その行き過ぎなところには手厳しい批判を加えたが、ラディカル・デモクラシーや社会正義にたいするコミットメントを称賛する態度がぶれることはなかった。T・W・アドルノでさえ公的役割を引き受けた。ニュー・レフト――その代表的人物は彼自身のラディカルな学生であることも珍しくなかった――の苛烈な批判者として名をはせていたアドルノは多数のラジオ・インタヴューを受け、一般向けの文章を発表し、自らの考えを明らかにしようと努めた。「この地上の星々」（一九五三）では占星術を壊滅的に叩き潰すような分析を加えることさえしていた。

フランクフルト学派が公共圏に参加していたのであれば、次のような疑問は当然ながら正当である。学派が公共圏に参加していたことは、すくなくともある程度までは、開かれた社会《オープン・ソサエティ》が存在していたことの証左ではないだろうか。表面的には、完全に管理された社会を批判する者にまで寛容が行き届いていたように見える。この状況は概念的混乱を招くかもしれない。ヘルベルト・マルクーゼは、もしかすると彼の文章のなかで最も悪名高いものとなった「抑圧的寛容《リプレッシヴ・トレランス》」（一九六五）で、この問題に取り組もうとした。古典的リベラリズムの考える寛容概念はそのラディカルな性格を失った、というのがマルクーゼの主張である。

寛容はかつて、宗教由来の偏見や政治的権威の批判、実験、判断力の行使と結びついていた。だがいまや寛容は、現状維持のための砦と化している。マルクーゼの議論はここでも、媒体《メディウム》がメッセージであるという考え方に立脚している。ある問題について、文化産業がパブリック・フォーラムであらゆる立場を提示するかぎり、究極的にはどの立場も同価値に見えてしまう。文化産業が提示する寛容は、このように、真実を謳う主張をすべて相対的なものにする。どれを受け入れるかを趣味《テイスト》の問題にしてしまう、と言ってもいい。いまや視聴者の目にさらされるのは美だけではなく、真実も同じ目に遭う。芸術に起こったことが言説にも起こったのである。どちらも商品形態に従属するようになり、それによって、質的な違いが単なる量的な違いに転化する。帝国主義であれ戦争であれ、福祉国家にたいする攻撃であれ進化論にたいする攻撃であれ、何を考えるにしても、どの立場も同じくらい良いことになる。マスメディアは抵抗も支援も同程度に正当化する。

　抑圧的寛容は現実《リアル》の現象である。FOXニュースはこの概念を実際に体現している。しかしこう述べたからといって、マルクーゼの論文に関する問題が減じるわけではない。まず、寛容がラディカルな鋭《エッジ》さを失ったという議論と、寛容が抑圧的だという議論は、同じものではない。政治的な強調の置き所も的外れである。寛容が抑圧的なことが問題だったわけではない。そうではなく、真に問題だったのは、寛容を抑圧することである。検閲は依然としてはびこっているし、歴史的に言って、先進産業社会で市民的自由が締め付けに遭うと、たいていの場合、左翼がいちばん割を食うかたちになった。

　マルクーゼの論文は、検閲対象を決めるための基準、検閲を制度化するうえで必要となる官僚制、または、そうした官僚制が肥大するかもしれないという可能性について、ほとんど何も語るべきことを持たない。文化産業はしばしば不寛容や反動的価値観を攻撃してきたが――その嚆矢となったのは『オール・イン・ザ・ファミリー』とその主人公アーチー・バンカーである――それがどうやってなされたのかについても無視している。なるほど、『コスビー・ショー』や『グッド・タイムズ』、『ふたりは友達? ウィル&グレイス』や『エレン』のようなTVシットコムは、迫害や中傷を受けている人々の「現実《リアル・ライフ》」を批判的に描きはしなかったかもしれない。しかし、これらのシットコムは広い意味での倫理的、政治的なアジェンダを打ち出しており、その点で革新的だった。これらのサバルタン・グループの達成物は体制に組み込まれたという議論、すなわち、達成物がいかにして体制の強化をもたらしたかと論じることは、さらなる問いを誘発するばかりである。達成物は体制によって飼い馴らされたのか、それとも、体制それ自体が達成物のほうに適応し、自らを変えることを余儀なくされたのか。

欠乏を克服して生存を平和回復《パシフィケーション》するために技術の方向性を変えるとき、どんな可能性が立ち現れてくるのか。その点をマルクーゼは『一次元的人間』で強調している。しかしながら、先進的産業社会は依然として、（労働力を買い、生産手段をコントロールする）ブルジョワの利害と、（自らの労働力を売り、生産手段にたいして疎外関係にある）労働者階級の利害とのあいだの構造的矛盾に立脚している。だが、この客観的矛盾それ自体が、主観的に知覚されているわけではない。労働者階級には政治意識が欠けている。共産主義の失敗や西欧資本主義の見かけ上の裕福さが原因だが、最大の原因はおそらく文化産業である。

文化産業という概念をアメリカ合衆国で通俗化させたのはマルクーゼである。事実、フランクフルト学派のその他のメンバーと同じく、マルクーゼもまた、文化産業が経験を紋切型にし、批判的思考を無効化するありさまに、深い憂慮を抱いていた。彼の視点は明らかに『啓蒙の弁証法』を下敷きにしている。作品自体が商業論理に順応していくにつれて、エロス的で生成的な衝動を芸術に美的昇華させる役割を担うはずだったものが、文化産業を変容させるのではなく、文化産業によって逆に変質を被る。「抑圧的脱昇華《リプレッシヴ・ディサブリメーション》」は、自身に備わっていた解放的で批判的な潜勢力《ポテンシャル》を枯渇させる。個人は自分の手持ちの資源《リソース》に頼らざるをえない状況に置かれる。孤独と疎外は文化産業への依存をさらに強め、幸福な意識《ハッピー・コンシャスネス》に与するようになる。大衆芸術《ポピュラー・アート》はユートピア的想像力を行使するための心理的能力《キャパシティ》を減少させるばかりか、それと同時に、体制を強化する。芸術作品の人気は自らに死の苦しみをもたらす。

だがしかし、作品の人気がその批判的性格や芸術的ラディカリズムを必然的に無効化するというのは真実だろうか。果てしなく続いていくかのような理由なき反抗者の隊列は、アドルノが「非順応的順応」と呼んだものの証左である。その一方で、浅薄なシニシズムや想像上の陰謀にたいする英雄気取りの戦闘は、ヘルメス的なポール・ピッコーネ——ピッコーネはアメリカに批判理論を持ち込んだ「テロス」誌の編集長だった——が「人為的否定性《アーティフィシャル・ネガティヴィティ》」と名づけたものを提示している。だがしかし、これはまちがいなくチャーリー・チャップリン、ボブ・ディラン、フランシス・フォード・コッポラのような偉大な芸術家には当てはまらない。そうした芸術家の作品の芸術性を糾弾しようというのなら、そもそもそれらに芸術としての地位を与えるのを拒むほかない。だが、まさにそれこそホルクハイマーやアドルノが主張したことであり、ひねりは入っているものの、マルクーゼでさえ同じ主張をした。『啓蒙の弁証法』や『一次元的人間』の物象化論に適合するのは、この立場をおいてほかにない。

説明が出され、修整がなされ、苦しい弁解が行われた。しかしながら、つまるところ、フランクフルト学派が擁護したポピュラー・アーティストは皆無である。メンバーの大半はただ単にポピュラー・カルチャーを好まなかった。その手の感性をまるで持ち合わせていなかったし、ポピュラー・カルチャーが成し遂げたものに何の興味も示さなかった。アドルノは『ミニマ・モラリア』で「わたしは映画を観に行くたびに、どんなに用心したつもりでも入る前より馬鹿なだめな人間になってそこから出てくる」と述べた。この文はのちに書き換えられるだろう。しかしこれと同じ十把一絡げの判断、これと同じ無分別の断罪が、「ジャズについて」(一九三六)と題された悪名高きエッセイに現れる。「ジャズ」という言葉で何を意味しているのか、アドルノは決して明らかにしない。しかし、特定のジャンルを指しているのか、ポピュラー音楽全般を指しているのかは、ここでは無関係である。実のところ独自の正典《キャノン》を備えた伝統であるものにたいして、アドルノの論考は無理解を示すばかりである。ジャズの生きた経験についての議論はほとんどないし、ジャズとブルースの関係についての議論はさらに少ない。ましてや、ジャズの起源、ジャズの喚起する人種主義《レイシズム》や貧困に支配された生活についての議論ときては、皆無に近い。いまなら(興味深いことに)ポップスよりクラシックに属する大衆現象による即興らしく聞こえるにすぎない偽りの即興や単調なシンコペーションが作り出す、心理的退行と個体性の喪失について記し、「ジャズについて」は満足してしまう。

「ジャズについて」が披露するのは、文化にたいする深い悲観主義である。議論は概括的《ジェネラル》な主張に立脚しており、芸術家や芸術作品を峻別することに何の関心も示さない。たとえばルイ・アームストロングとポール・ホワイトマン、デューク・エリントンとその模倣者の比較が行われることは絶えてない。数多くの傑出した女性ヴォーカリストたちが解釈に再解釈を重ねた偉大な歌について何も語られない。

アドルノのエッセイがまさにこれほどにまでに反映しているのは、『啓蒙の弁証法』にみなぎっていた、細部に拘泥しない完全に管理された社会の画一的イメージである。ベッシー・スミス、エセル・ウォーターズ、ビリー・ホリデイの歌う歌の詞は一見したところ真の抵抗をインスパイアするようには思われない。しかしながら、抵抗が何を意味するかはまったく曖昧なままにとどまる。同じことが政治にも当てはまる。『一次元的人間』で次のように書いたとき、マルクーゼでさえ残存する曖昧さを大いに受け入れていたのである。「批判的社会理論は現在と未来のギャップに橋を渡すことのできる概念をもっていない。なんの約束もできないし、成功を眼前に見せるわけにはゆかない。ただ否定的たるにとどまる。だから、批判理論は、その大いなる拒絶に、希望をもつことなしに生命を捧げた人びと、捧げる人びとに対して忠誠でありたいと思う。」(二八一頁、訳文を一部改変)

第八章　大いなる拒絶

批判理論は一九六〇年代ヨーロッパの学生運動にとって重要な知的刺激だった。しかしながら、批判理論の最も独創的な著作がアメリカ合衆国で翻訳されたのはやっと一九七〇年代のことである。それは「テロス」や「ニュー・ジャーマン・クリティック」のような学術誌が読者を獲得し、批判理論を代表するもののなかで最重要のものが世に送り出され始めた時期だった。そうした読者層に当たる若き知識人からすると、批判理論が自分たちに関連する今日的なものになったのは、疎外、自然の支配、退行、ユートピア、文化産業についての複雑な概念のためだった。激動の時代のさなか成人した若き知識人たちは、自分たちの周囲で起こっていることを理解しようと努めていた。しかし、反乱と若者の連帯は、文化産業を採り入れた。これで文化産業のラディカルな性格がいっそうリアルになった。アウシュヴィッツの後でさえ芸術は大義として失われてはいないことが、時を経ずして明らかになったのである。文化《カルチャー》と幸福な意識《ハッピー・コンシャスネス》の同一化は絶対的である、と信じたがる向きもないわけではない。しかし、これは決してそこまで絶対的ではないし、いまだそこまで絶対的にはなっていない。

新しい感性《センシビリティ》

一九六〇年代の活動家《アクティヴィスト》は依然として批判理論をマルクス主義の文脈で理解していた。先進産業社会を変容するには労働者階級の行動が必要である、とヘルベルト・マルクーゼは力説した。しかしマルクーゼは次のように感じてもいた。労働者階級の見地は、文化産業、獲得された経済的富、既存の政治体制によって操作されてきた。革命的意識が立ち上がりうるとしたら、それはそうした意識を担うはずだった労働者階級以外のところからだろう。女性、有色人種《ピープル・オブ・カラー》、システムの周縁での反帝国主義運動、知識人、ボヘミアンが、革命の火花ばかりか、何かもっと捉えがたいもの——新しい感性《センシビリティ》——を労働者階級に提供するかもしれない。これら新たな革命の触媒は、アンドレ・ブルトンが最初に「大いなる拒絶《グレート・リフューザル》」と呼んだものを体現するだろう。

『解放論の試み』はマルクーゼの著作のなかで最もよく知られたものの一冊に数えられる。そこでマルクーゼが採った見方は、この大いなる拒絶によってユートピア的感性《センシビリティ》が生み出されるというものだった。若き叛逆者たちがそれを体現していたと言うのは明らかに誇張である。周縁的《マージナル》な集団は決してそれほど周縁的《マージナル》ではなかったかもしれない。おそらくそれより妥当なのは、芽生えつつあった新たな社会運動《ソーシャル・ムーヴメント》——それを生み出す原因の一端を担ったのは拡大する労働市場《レイバー・マーケット》だった——について語り、そこから革命やユートピアに関連する誇張的主張を取り除くことだろう。これらの運動の最も印象的な成功に数えられるものは、法廷闘争や政治的立法を通して成し遂げられた。しかし皮肉は簡単に行き過ぎてしまう。当時、戦争や「軍産複合体」にたいする激しい嫌悪感が蔓延していた。透明性や民主的説明義務がラディカルに要求されていた。リンドン・ジョンソン大統領の「偉大な社会《グレート・ソサエティ》」プログラムは、コミュニティに基礎を置いた組織や新たな社会運動による下からの圧力にたいする反応だった。南部で市民権のために闘った「フリーダム・ライダーズ」たちはアウトサイダーだった。ヨーロッパやラテンアメリカでは、ルディ・ドゥチュケやダニエル・コーン＝ベンディットのようなラディカルな知識人に賛同した者たちが、巨大な波のような一九六八年のストライキ——そこには労働者評議会やパリ・コミューンにさ

8　1960年代の学生運動におけるラディカルな知識人たちは、批判理論とフランクフルト学派から深い影響を受けていた。

かのぼる「自主管理」という民主的理念が刻印されていた――を燃え上がらせた。

環境保護、動物の権利、そして、男性的愛国的排外主義にたいする攻撃、これらは新しい感性から派生したものである。ラディカルな教育改革《リフォーム》が、日常生活《エヴリデイ・ライフ》の変容《トランスフォーメーション》を目指す文化的モダニストの要求と混ざり合った。性慣習や人種関係が変化した。生活の質《クオリティ・オブ・ライフ》が根本的な関心事として浮上してきた。そして間違いなく、美的認識も同様に変化した。ニュー・レフトは主体性を高く評価した。有色人種、女性、ゲイ、知識人は、世界を理解し、実存の意味や目的の尺度を独自に獲得しようとした。ニュー・レフトは文化的変容《カルチュラル・トランスフォーメーション》に特権的地位を与えた最初の大衆運動《マス・ムーヴメント》だった。それこそが、批判理論やフランクフルト学派と、ニュー・レフトとのあいだに、類縁関係を生み出したのである。

アメリカでは一九八〇年代に保守派が対抗文化に攻撃を仕掛け、九・一一の後もそれが繰り返された。ナショナリズム、軍国主義、帝国主義の名のもとになされたこれらの攻撃は、対抗文化にたいする非難であると同時に、福祉国家や市民的自由にたいする包括的な非難でもあった。マルクーゼはこれに類するものを『反革命と叛乱』（一九七二）で予想していた。マルクーゼが思索をめぐらせたのは、新たな感性と連動した政治的関心や理想を切り崩そうとする反動的試みである。マルクーゼ自身の感性が経験したのは、変化というよりも、強調の置き所の移動《シフト》だった。刊行された最後の著作『美的次元』（一九七八）は「テオドール・W・アドルノの美学理論に依拠していることはあえて認めるまでもない」と記している。依然としてわずかに希望はほのめかされていた——しかし色は褪せ、消えかかっていた。政治色が明らかな部類に入るモダニズム芸術（たとえばブレヒトのそれ）が体現していた大いなる拒絶は、いまや退場していた。美学がいま肯定すべきは、ある運動の意識でもなければ、新たな歴史的主体形態でもない。真正なる個体性《インディヴィデュアリティ》——その生存は六八年の叛逆者たちが想像したものより遙かに強大な諸力の脅威にさらされている——である。

ユートピアはつねに、完成品というより、超越《トランセンデンス》への憧憬《ロンギング》である。文化産業が公的生活を定義しているところ、概念が絶えず単純化され、理念が月並みな文句に変えられてしまうところ、そういうところではなおさら、超越への憧憬を涵養することはそれ自体として価値を帯びる。それはきっと、マックス・ホルクハイマーが晩年に近づくにつれて信じるようになっていったことである。個人の経験は容易に操作されるし、超越を探し求めることのうちに批判的衝動《クリティカル・インパルス》があるとはかぎらない、ということもホルクハイマーは知っていた。ドラッグがある。説教師がいる。カルトがある。そしてつねに救済と至福の約束がある。文化産業は幸福を礎にして繁栄する。それは標準《スタンダード》化され、パッケージ化された幸福である。しかし本当の幸福《リアル・ハッピネス》とは、悲惨な現実《ミゼラブル・リアリティ》に異議を申し立てるものだ。宗教的概念としての恩寵がそうであるように、本当の幸福《リアル・ハッピネス》は、具体的個人の経験だけに語り掛ける。

ホルクハイマーは「エゴイズムと自由を求める運動」（一九三六）で次のように力説していた。無条件の幸福は存在しえない——存在しうるのはそれにたいする憧憬だけである。そうした憧憬は、質を量に、聖を俗に変容しようという商品形態や道具的合理性の試みをおしなべて拒否する。永遠、美、超越、救済、神にたいする欲望――ホルクハイマーが最終的に「完全なる他《トータリー・アザー》への憧憬」と名づけたもの――をわたしたちの誰もが自然と持ち合わせている。それは何の約束もしなければ、儀式を描き出すことも、教会を与えることもしない。しかしそれにたいする憧憬は、完全に管理された社会に抵抗し、個体性を肯定するための基盤を提供する。完全なる他への憧憬には、組織化された既成宗教と何一つ共通するところがない。にもかかわらず、否定《ネゲーション》に依拠することで、楽園にたいする希望や経験的に自己を肯定《アファーム》する能力を我が身に取り入れるのである。

　真実は祈りである、とエルンスト・ブロッホは述べたことがある。だが、表現しえぬものの最良の表現者は音楽かもしれない。音楽はわたしたちの最も奥深いところにあるものとの出会いを提供する。アドルノは古典的著作『新音楽の哲学』（一九四九）で同じ路線を採った。「たとえ死に値するような世界においても、あらゆる音楽の表現を描き出す」のは「帰ろうとする者」の暗示であると力説したとき、アドルノは明らかに救済に言及していた。否定《ネゲーション》とユートピアが実存的経験と同一視される傾向にあるというのは一理ある。規定や媒介がすべて取り払われ、剝き出しとなった慈悲や希望の暗示を（たとえ不明確なかたちでしかありえないとしても）顕在化できるのは、宗教、芸術、哲学である。ヘーゲルの見解によれば、歴史の進歩と、さらに具体化していく自由によって、これらの精神領域は互いにはっきり区別されていく。しかしこの見方をフランクフルト学派は転倒させる。宗教、芸術、哲学はいまや、それらが投射《プロジェクト》する表現しえぬ真実において、交換可能に近いものになる。

宗教、芸術、哲学のあいだにどんな差異があるにせよ、そこに実際的な重要性はない。自由はミメーシスの彼方にあり——この点において自由は神に似ている——同じことが地獄にも当てはまる。まさにこの精神にのっとって、アドルノは「アウシュヴィッツのあとで詩は不可能である」——「文化批判と社会」（一九五一）を締めくくるこの文は様々なかたちで頻繁に引用される——と記したのだった。ユダヤ教の宗教的命令はいまや美的形態《エステティック・フォーム》を採る。悪の受肉は、善の受肉と同様、暗示しかできない。描写することは全く不可能である。神の客体化《オブジェクティフィケーション》はいかなるものも充分に完全ではありえないし、ホロコーストの客体化《オブジェクティフィケーション》はいかなるものも充分に恐ろしくなりえない。「文化批判と社会」で次のように書いたときにアドルノが引き出していたのは、この立場のラディカルな含意だった。「人間から身を引く限りにおいて文化は人間への信義を守っている」。

否定《ネゲーション》を抱きしめる

フランクフルト学派は組織化された政治にたいしてつねに懐疑的だった。疎外や物象化についての学派の見方には次の信念が暗黙裡に含まれていた。理論を実践に繋げることは、唾棄すべき単細胞な人間のプランを押し進めることにしかならないだろう、という信念である。反知性主義の危険が肌で感じられるように思われた。アドルノは『批判的モデル集3』（一九六九）に収められた「諦念」やその他の論考で、「話はもう充分だ」と言う者たちにたいする軽蔑を露わにしていた。そうした者たちが「加わる《ジョイン・イン》」ことを望んだ実践は決して充分にラディカルではありえない。そうした実践が文化産業によってどのように提示されるか考えてみればいい。プロパガンダ装置を装備して個人を軽蔑した全体主義運動から、若者は教訓を学ぶべきである。個体性《インディヴィデュアリティ》を肯定すること、それが、完全に管理された社会にたいする最良の対応だったのだ。だがしかし、ここでのアドルノの議論は全体的にどこか独りよがりである。

目的と手段のあいだに妥当な繋がりがあることを明示する活動《アクティヴィティ》は、自己目的な行動《アクション》――アドルノが「行動主義《アクショニズム》」と呼んだもの――とは別物だ。確かに、理論は実践に還元できない。しかしだからと言って、様々な制約や変化のための機会を照らし出すことに背を向けるべきだ、ということにはならない。政治活動は必ずしも省察《リフレクション》を生み出さないという教訓は厳しい。それを教えたアドルノは正しい。だがしかし、「考えよ」というアドルノの呼びかけは、田舎の学校教師が下す厳格な命令のように響くし、喧嘩騒ぎにたいして高みの見物を決め込むための婉曲表現になっている。「諦念」は、かつてもいまも、字義通りのことを意味している。コミットメント《アンガージュマン》の拒否、制度を変えるための組織的プロジェクトからの離脱である。

『文学ノート』（一九六九）所収の「アンガージュマン」と題されたアドルノの論考は、ベルトルト・ブレヒトとジャン゠ポール・サルトルにたいする直接攻撃である。ブレヒトもサルトルも共産主義に共感を示し、文学を政治潮流の党派的見方と繋げる必要があることを強調した。反ユダヤ主義を是認する偉大な小説は書かれえない、とサルトルは『文学とは何か』（一九四七）で述べた。アドルノはブレヒトの教育劇《ダイダクティック》――たとえば「党は千の目を持ち、我々の目は二つしかない」という有名なセリフがある『処置』（一九三〇）――に着目しつつ、モスクワ裁判を称賛する偉大な小説も書かれえない、と言い返した。政治的にアンガージュした文学という考えは用語上の矛盾をきたしている、とアドルノはつねに信じていた。そのような文学には、全体性批判を提出することもできなければ（なぜなら芸術作品は政治的につねに党派的だから）、意味あるユートピア的ヴィジョンを提示することもできない（なぜなら真の幸福はつねに客体化《オブジェクティフィケーション》の彼方にあるから）。

完全に管理された社会、出口も意味もない悪夢のような官僚制の世界における主体性の根絶を描き出す能力こそ、フランツ・カフカの著作をこの系統の批判理論にとってかくも重要にしたものである。カフカには、つねに何か捕まえられないものがある。そのすり抜けていくものとは何なのか。登場人物や傍観者の主体性ばかりではない。主体性が顕在化されるその手法である。

アドルノの『美学理論』（一九六九）が投げかけるのは、あらゆる客体化《オブジェクティフィケーション》に抵抗する主体性《サブジェクティヴィティ》、自由、ユートピアの概念である。アドルノの並外れた知力の実例であり、衰えることのない彼の魅力を立証するこの金字塔的著作は、社会のモナドとしての芸術作品から立ち上がってくる緊張関係《テンション》を強調する。こうして、美的経験は合目的的な無目的性の一種を呈するとするカントの見解が、マルクスによれば具体的な抑圧形態の体現にほかならない現象のなかで同居する。形式と内容、省察と経験、技術と霊感、ユートピア的希望と人類学=人間学的《アンソロポロジカル》否定をめぐる対立が、作品のなかに埋め込まれている。こうして、芸術作品は相反する緊張関係《テンション》の「力の場《フォース・フィールド》」となる。批判的美学が強調すべきはそうした緊張関係《テンション》である。登場人物、物語、主題に共通するものとの同一化を通して共有可能な世界理解を創り出すことは、批判的美学の真の目標ではない。そうではなく、経験の強度《インテンシティ》を高めることが、批判的美学の真の目標である。だからこそ、アドルノによれば、芸術の範例的な瞬間《モメント》は「花火《ファイアーワークス》」なのである。

完全なる他《トータリー・アザー》への憧憬《ロンギング》は暗黙の裡に感じられるものである。アドルノは確かにこの点に気づいていた。結局のところ、アドルノはベンヤミンから、美学批判は救済についての（希望なき）希望に立脚している、ということを学んでいた。ロマン主義や保守主義を奉じる者たちは依然として古き良き時代に思いをめぐらせがちだが、そうしたものは存在しない。ベケットの『幸せな日々』（一九六一）は、決して起こらなかった過去の回想にふけるうちにとうとう首まで砂に埋もれてしまうキャラクターを登場させ、懐古主義的な考え方を手厳しく非難している。ベケットによるベケット劇はどれも、演出部分においても対話部分においても、ミニマリズム的である。アドルノが次のふたつのことをつねに目指していたのは特筆してよい。美的形式《フォーム》の使用を形式主義《フォルマリズム》に変質させないこと、ユートピア的な憧憬《ロンギング》を非合理主義《イラショナリズム》に瓦解させないことである。アドルノの矯正案は、作品と虚偽状態の存在論を批判的に繋げること、間違った生を正しく生きようという軽率な試みを作品が全面的に拒否することにある。

『否定弁証法』（一九六六）はこうした企ての哲学版である。出発点となるのは観念論のメタクリティークであり、『三つのヘーゲル研究』（一九六三）が下敷きになっている。歴史と自由の断絶が再び議論の核心をなす。個人と社会のあいだに予定調和はありえない。主体と客体のあいだに同一性を創り出すことは自滅的である。歴史は非自由《アン・フリーダム》の領域である。主体性の隷属は増大し、必然性と道具的合理性が幸福と目的に勝利する。進歩の行進にたいする信念は、全体主義の勝利によって失効した。

普遍的用語を用いて個人を概念化することは最初から間違っていた。カントはこの考え方に屈服した。ヘーゲルとマルクスも同様である。彼らの目的論的展望は、悪い意味で宿命的な統一を主体と客体のあいだにもたらすという触れ込みで、あらゆる犠牲を正当化しているようだった。世界精神に隷属するにせよ、労働者階級に隷属するにせよ、個人は経験的な繋留所もなしに放り出され、事実上、力を奪われた《ディスエンパワード》。

この一連の前提に、『否定弁証法』と『三つのヘーゲル研究』は異議を唱える。どちらの著作も次のことを明らかにする。ヘーゲルの「否定の否定」は、自由をますます肯定的に規定していくと思われているが、実のところ、増大する物象化を通して自律性を切り崩していく。アドルノによるこれら二著作は、進歩についての歴史的理解にまったく言及することなしに、否定をそれ自体として確証する。個人と社会のあいだの緊張関係《テンション》の解決は不可能である。解決を投射《プロジェクト》しようという試みは自滅的だ。否定弁証法がそれに代えて肯定するのは、主体と客体、個人と社会、特殊と普遍の非同一性《ノン・アイデンティティ》である。しかしながら、非同一性は簡単に公言できるようなものではない。特定の状況でどのように表現されるのか、所与の経験がどのように客体化を逃れるのか。そこを説明するには、批判的省察《クリティカル・リフレクション》が必要となる。

『否定弁証法』を論じた一九六五年の講義のなかでアドルノはこの問題を次のように明快に述べている。「哲学とは、媒介と文脈化を通して、言われえぬことを言おうとする矛盾した努力である」。完全なる他への憧憬が育てるのは、概念的なものが非概念的なものを把握しようと絶えず試みなければならない状況である。アドルノの展望はあきらかに『名づけえぬもの』におけるベケットのそれと繋がっている。「続けられない《アイ・キャント・ゴー・オン》。続けよう《アイ・ウィル・ゴー・オン》」。

抵抗が求めるのは、虚偽状態の存在論が変わりうるかどうかに考えをめぐらせることなしに、それを拒むことである。哲学的なものが美学的なものと混ざり合い、宗教的なものとも混ざり合う。ヘーゲルは、倒立されるのではなく、裏返される。宗教、芸術、哲学という絶対理念の三つの契機のあいだの質的区別が廃止される。そこに残るのは、定義もできなければ規定もされていない憧憬についての省察――その実現を否定する現実が顕現させた、自由にたいする憧憬についての省察だけである。ここには連帯の痕跡の名残りしかない。メタクリティークには、商品形態、官僚的位階制、文化産業に支配された世界で連帯を具体的に育て（ないしは、妨げ）ていける制度や組織のための余地が、まるで残されていない。

従って、連帯は、抵抗と同じく、新たな形而上学的形態を採る。史的唯物論の論理は内在的にそのような変化を迫る。共産主義は死に絶え、社会民主主義は飼い慣らされ、文化産業は変容をもたらす行為体《エージェント》を思い描くことを不可能にした。現実それ自体が、唯物論よりも形而上学を優位に置くことを求めている。だからこそアドルノは『否定弁証法』でこう書くことができたのだ。「一度は時代後れになったように思われた哲学が今なお命脈をたもっているのは、その実現の機を逸したからである」。

第九章　諦念から再生へ

批判理論はもともと形而上学と唯物論の両方の主流形態にたいするオルタナティヴとして意図されたものである。抑圧《リプレッション》の隠された源泉と、等閑視されている変容《トランスフォーメーション》の可能性を描き出すことが、その狙いだった。しかしながら、フランクフルト学派は第二次世界大戦の勃発をたどりながら、次のように結論した。解放的なオルタナティヴが消え失せてしまっていた、と。目が覚めると、批判理論はヘーゲルの言うところのすべての牝牛が黒くなる闇夜のなかにいた。抵抗はますます実存的な形態を採るようになっていった。抵抗の拠り所はいまや、個人と社会のあいだの非同一性《ノン・アイデンティティ》の強度《インテンシティ》を高めることにあった。「システム」が参照点となっていった。否定《ネゲーション》が虚偽状態の存在論に立ち向かった。わずかにほのめかされるユートピアが文明に異議を唱えた。ブレヒトはかつて次のように書いていた。「「全て欲しい、さもなければ何もいらない」」。この異議申し立てに世界は普通こう答える。「ならば何もやらない」」。

社会の批判理論《クリティカル・セオリー・オブ・ソサエティ》＝批判的社会理論

フランクフルト学派がアメリカ合衆国で最初に人気を博したのは、初めて学派の歴史を書いたマーティン・ジェイが「一九六八年の世代」と名づけた人々に訴えかけることによってであった。一九八〇年代に入っても、批判理論は依然として主流派の研究者界隈ではエキセントリックなものと考えられていたし、革新的な知識人のあいだでさえどこかエキゾチックなものだと考えられていた。しかしながら、ニュー・レフトが瓦解すると、フランクフルト学派はアカデミズムのなかで制度化されていった。批判的法研究、批判的人種理論、批判的ジェンダー研究が、人口に膾炙していたパラダイムや前提を問い質し始めた。しかしながら、サバルタン・グループが公的生活の影から浮かび上がってくると、統合的な支配システムにたいする統合的な攻撃は腐食し始めた。大きな物語、確立された西洋の伝統的正典《キャノン》に異議を唱えることに新たな強調が置かれ、ポピュラー・カルチャーさえもがこの雑多さ《ミックス》に加わった。社会についての批判理論《クリティカル・セオリー・オブ・ソサエティ》の一貫性は危機にさらされるようになっていった。その目的はますます恣意的なかたちを取るようになっていった。

帝国主義的搾取、経済的矛盾、国家、マスメディア、近代社会における抵抗の性格、これらに対処するための新たな提案は現れそうにない。否定《ネゲーション》は批判理論に暗い影を投げかけている。

ヘーゲルとマルクスの知的後継者はいまや権力を理解する術を欠いており、その結果、権力の不均衡と対峙する能力を失っている。矯正案は、等閑視されているフランクフルト学派の著作のなかでもさらに無視されているもののいくつかにある。

フリードリヒ・ポロックの「国家資本主義」（一九四一）のような論考が出発点を提供している。ポロックの「指令的計画経済《コマンド・エコノミー》」の分析は、自由市場の議論が時代錯誤であるかどうか、国有化についてのかつての概念が社会主義と同義であるかどうかを考えることをわたしたちに強いる。オットー・キルヒハイマーによる「制限条件と革命的突破口」（一九六五）は、非常事態《エマージェンシー》の権力を「通常《ノーマル》」のものに変えてしまう近代国家の傾向に警告を発している。ヘルベルト・マルクーゼとフランツ・ノイマン共同執筆の「社会変革の教義の歴史」と「社会変革の諸理論」のような死後出版された論考は、真の意味で批判的な社会理論《クリティカル・セオリー・オブ・ソサエティ》が対峙しなければならない前提を論じている。

同時代の哲学や文学のなかで批判理論から派生したものは、えてして、権力を社会的ないしは言語的な人工物として扱う。蓄積過程は姿を消し、システムが独自の生命を帯びる。個人は、制度や組織からまったく遊離した承認や配慮の概念のなかに、連帯のための共通基盤を探すはめになる。こうして支配は搾取から切断され、原理は利害から分離される。批判理論の内部におけるあからさまに形而上学的で主観的な潮流にたいするオルタナティヴを提出するのは、ユルゲン・ハーバーマスである。

ハーバーマスの見方によれば、コミュニケーションは本質的に次のものに基礎づけられている。言説の開かれた性格、参加者一人ひとりの対等な承認、より良い議論に遭遇したときそれぞれが自ずから自己の考えを変える自発性である。要するに、コミュニケーションは、実践と切り離された形而上学的倫理のたぐいを必要としない、ということだ。コミュニケーションはそれ自身の「普遍的語用論《プラグマティクス》」を含んでいる。別の言い方をすると、コミュニケーション倫理は自律性を保ちつつ、そのかたわらで、コミュニケーションをしたいというまさにその欲望のうちに連帯を育むのである。この倫理規範を否定する者たち、つまり、権力を恣意的に行使する者たちは、自分たちが説得のために用いる手段そのものを否定している。哲学的な言い方をすれば、そういう者たちは「パフォーマティヴな矛盾」にとらわれている。

しかし批判理論における形而上学的転回《メタフィジカル・ターン》は、ハーバーマスの異議申し立てに抗ってきているし、それを自家薬籠中の物としてきたと言ってもよい。『ロバート議事規則』――パブリック・ミーティングを切り盛りするためのハンドブック――はハーバーマスの原理と似たものを体現している。コミュニケーションに参加する者たちがそれを真面目に受け取るかどうかは、当然ながら別問題である。普遍的語用論《プラグマティクス》が実際的な貢献しているかどうかは自明ではない。コミュニケーション倫理は、パフォーマティヴな矛盾に陥るのを回避できた自由主義者や合理主義者に常に自画自賛を許す。しかしながら、それらの政治的敵対者の多くは、真実主張《トゥルース・クレーム》を評価する際、直観や経験を重視する。さらに極端な者になると、真実主張《トゥルース・クレーム》にまったく何の関心も示さない。こうした者たちの大半は、パフォーマティヴな矛盾にとらわれても、「だから何？《ソー・ホワット》」と応えるのではないだろうか。

権力に真実を語ることとは、真実を可視的《ヴィジブル》に、そして具体的《コンクリート》にする能力を前提としている。『権威主義的パーソナリティ』（一九五〇）はこの点において重要な貢献をしている。アドルノが編者を務め、多彩な顔触れの協力を得たこの著作は、個々人のあいだの心理的差異を記述しており、反ユダヤ主義的パーソナリティだけでなく、偏狭で偏屈なパーソナリティ一般の再教育を求めている。著者たちはかの有名な「F尺度」または「ファシズム尺度」のような経験主義的手法を用いながら、反動的な性格構造を描き出し、それがもたらす効果を厳しく批判している。著者たちが強調するのは、いかにして権威主義的パーソナリティがアウトサイダー、新参者、異なる者たちに軽蔑を示すかである。著者たちは権威主義的パーソナリティの暴力趣味を際立たせ、寛容を育てる政策を訴える。

否定弁証法の発案者からこのようなものが出てくるのは何か奇妙だ、と最初のうちは当然思うだろう。この研究は大衆教育《マス・エデュケーション》を思わせるし、体制順応的な基準に合わせているように感じられる。どうもここには、ほかのやり方では継ぎ目のない全体と考えられるものに介入する可能性《ポテンシャル》があるように思われる。しかし、だとすれば、これは警告である。権威主義的パーソナリティと非権威主義的パーソナリティの違いは、種類というよりは程度におけるものである、という警告だ。両者の質的区別は、現実のものというより、錯覚的なものに見えてくる。改革を支持することと、改革の有用性を否定することとのあいだを、著者たちは揺れ動く。

アドルノは『社会学講義』（英語版二〇〇〇）やその他の著作で、市民の受動性に反対を表明し、革新的な改革《プログレッシヴ・リフォーム》を支持した。しかし行為体《エージェンシー》の問題は抽象のなかに宙吊りのままだった。それに、改革《リフォーム》が完全に管理された社会や虚偽状態の存在論に及ぼす影響については、まったく取り扱わなかった。アドルノは資本主義下における交換関係の批判に着手すべきだったと言ってみたところで、何かが変わるわけではない。完全に管理された社会と、それが要求する真正なる否定性は、そのどちらも、一般に受け入れられている政治行動の概念とまったく隔絶している。それゆえアドルノは「理論、実践、道徳哲学」（英語版二〇〇一）で次のような新たな実践形態《フォーム・オブ・プラクティス》を構想することができたのである。「実際性《プラクティカリティ》の呼びかけに抵抗」し、それによって、いかなる道具的使用も拒むというまさにその理由で「自らのうちに実際的《プラクティカル》要素を含む」実践形態だ。もっと簡潔に言えば、理論《セオリー》が実践《プラクティス》となる、というわけだ。だがこれは、社会を解放するための具体的な含意について理論《セオリー》は何も貢献する必要がない、ということでもある。

批判理論の形而上学的転回は精密に吟味されねばならない。完全に管理された社会や虚偽状態の存在論のようなカテゴリーについても同様である。完全に管理された社会に関するフランクフルト学派の経験主義的主張は無効であるし、虚偽状態の存在論への哲学的依拠はそうした主張を有効にする手助けにはならない。革命的行為体《エージェント》としてのプロレタリアを排除したことの帰結は、完全に管理された社会ではなく、むしろ、特定の社会政策、文化価値、制度的発展をめぐってのエリート——ないしは支配階級——の内部分裂である。これらが労働者やサバルタン・グループに及ぼした影響は非常に異なっている。それに、マルクスが資本の政治経済《ポリティカル・エコノミー・オブ・キャピタル》、労働の政治経済《ポリティカル・エコノミー・オブ・レイバー》と呼んだものは依然として対立関係にある。

9　批判理論の新たな方向性の源は、ロンドンにあるカール・マルクスの墓の彫像に刻まれたかの有名な言葉にある。「哲学者たちは世界をただ解釈してきた。重要なのは世界を変えることだ！」

完全に管理された社会のようなイメージの名のもとに、現に存在しているイデオロギー的で物質的な利害の衝突を無視することは、有意義かつ革新的なやり方で出来事を解釈する能力を妨害することである。ここに絡んでくるのは、コミュニケーションの誤解や危機に瀕する生活世界だけではない。連帯についての諸々の考えに意味があるというのは、それらが社会内部のアクチュアルな衝突を参照しているということである。事実、アクチュアルな衝突を前面に押し出さなければ、抵抗も支配も歴史的特定性《ヒストリカル・スペシフィケーション》を失い、その結果、具体性《コンクリートネス》を失う。よくある対義語のペアのひとつにすぎないものになる。

疎外と物象化はかつて、支配の経験と変容的実践《トランスフォーマティヴ・プラクティス》の要請に語り掛けていた。いまやこの言葉はたいてい無行動の言い訳に使われている。これらの概念をいまいちどエッジの効いたものにするには、両者を区別することが重要であると私は思う。次のように始めるのがおそらくベストだろう。疎外を定義した若きマルクスは、分業を乗り越え、生産過程にたいする人間のコントロールを取り戻すことを視野に入れていた。

しかしながら、疎外は二十世紀において別の含意を帯びてきた。捕まえがたく、それでいて頑なでもある疎外は、罪悪感、恐れ、死、無意味さと関係づけられるようになった。ユートピアが疎外にたいする唯一の応答である。いや、わたしたちを苦しめる実存的問題、わたしたちの生存の人類的基盤にたいする唯一の応答と言ってもよい。それにたいして、物象化のほうは代替可能と考えるべきだし、社会行動の標的と見なすべきである。物象化が披露するのは、先進産業社会のフレームワークというより、そうした社会のはたらきのインパクトである。道具的合理性は、欠乏に効率的に対処するための数学的技術であり、それ以上でもそれ以下でもない。道具的合理性にしてみれば、前資本主義的偏見の犠牲者たちをエンパワーするのも、労働者を生産コストに、人間を使い捨てのリソースに還元するのも、同じくらい容易なことである。

官僚制や道具的合理性の形式的性格が重要なのではない。重要なのはむしろ、それらをどう使うのかという問題のバックボーンをなしている（隠れたままになっていることも珍しくない）価値観《ヴァリューズ》や利害関心《インタレスト》のほうだ。批判理論が精査していくべきは、目的論的目的である。わたしたちの生活を形成する政策や制度に埋め込まれている、様々な優先順位《プライオリティ》や利害関心《インタレスト》と言ってもいい。道具的合理性の形式的性格に執着することそれ自体が、物象化の表出である。それが科学とその方法の解釈にたいして及ぼした影響は、弱体化につながるものであった。

批判理論はそもそも、社会の調査を自然の調査から峻別することで、正統派マルクス主義と対決した。しかしながら、認識論的形式主義という観点から道具的合理性を取り扱うと、この区別が切り崩されていく。科学理論や技術革新を文脈化しようという社会学的試みは正当であるし、広く行われてもいる。しかしながら、規範的理論が、科学理論や科学技術の内的なはたらきについて判断を下すというのは、また別問題である。単純化すれば、次のようになるだろう。アルベルト・アインシュタインが導入した相対性理論を例にとろう。批判理論は相対性理論の歴史的起源や社会的使用について有益な視座を提供できる。だが、相対性理論の真実性について、哲学的判断を下そうと試みるべきではない。

物象化に異議を唱えるのに、分野特有の専門知識が必要でないということではないし、話の内容を分かる能力がなくていいということでもない。新しい科学についてのユートピア的ヴィジョン、そのなかでもとくに、真実主張を裏づけるための判断基準を欠いているヴィジョンは、自らが対抗する物象化によって定義されている。批判理論は、カール・ポパー卿が『科学的発見の論理』（一九五九）で導入した「反証可能性《フォールシファイアビリティ》」の概念に基盤を置くことで、うまい具合になるだろう。一九六〇年代、フランクフルト学派と、ずっと科学寄りの立場を採った者たちのあいだで勃発した活発な「実証主義論争」は、この問題やその他の問題を、数多くの魅力的な観点から論じている。しかしながら、科学的真実主張は、今後の調査を考えるからこそ暫定的で、修正にたいして開かれていると見なされるのだが、批判理論の擁護者は一般にこのことの方法論的重要性や現実的含意を過小評価しがちである。この暫定的で開かれたスタンスは実のところ、批判的営為にぴったりフィットする。

なるほど、科学パラダイムや真実主張を裏づけるための基準はそのうち変わっていくだろう。「パラダイムシフト」さえ起こるだろう。しかしながらトマス・クーンは古典的名著『科学革命の構造』（一九六二）で次のようにほのめかしていた。パラダイムシフトは起こるだろうが、それは過去の科学的方法では充分に扱えない新たな問題に遭遇したからであって、哲学者が漠然としたユートピア的ヴィジョンに立脚して抽象的な科学の糾弾に乗り出すからではない。

批判《クリティーク》に従事《アンガジェ》するのに、現実と人類学的《アンソロポロジカル》に断絶することは必須ではない。ある所与の課題《イシュー》にたいして出されたオルタナティヴを比較評価するには規範が必要である。だがそうした規範にしたところで、対立関係にあることも珍しくない利害関心や、それらを現に実行していく能力と関係づけられないのであれば、抽象のなかで宙吊りになってしまう。権力は根絶不可能な近代社会の要素である。権力は人為的構築物でもなければ、意志の恣意的決断物でもない。権力の媒介や決断によって、社会の性格や権力にたいする政治的反応が定義される。自由は、いまいちど、必然性についての洞察となる。

フランツ・ノイマンはその古典的論考「政治権力研究へのアプローチ」（一九五〇）と「自由の概念」においてこれらの問題にそれとなく言及している。近代社会にとっての課題《イシュー》とは、政治権力の切り詰めというよりは、その理にかなった《リーズナブル》使用のほうである。この区別をつけることによってのみ、物象化論それ自体が物象化していくのを防ぐことができる。批判は自由にたいしてコミットすることに始まる。しかしながら、これが具体的になるためには、理論は制度的権力に関与《アンガジェ》する必要がある。制度は過大な権力を保持できる。ちょうどそれと同じように、制度は過小な権力を保持することも可能である。制度についての複数のヴィジョンを競い合わせれば、質的に異なった政策の選択肢が複数出てくるだろう。権威と政策が採る形態のうち、合理的なものと非合理的なものを区別する基準が必要だ。真の意味で批判的な《クリティカル・》社会についての理論《セオリー・オブ・ソサエティ》は、そうした基準を提供すべきである。

啓蒙の政治学

啓蒙の理論と実践は、制度的権力の恣意的な行使を切り詰めること、多元主義《プルーラリズム》を育むこと、個体性の行使を可能ならしめることに焦点を合わせた。「大いなる拒絶《グレート・リフューザル》」ではなく、様々な倫理的主題や政治的主題からなるこの複合体《コンプレックス》こそが、過去の偉大な革新的運動を特徴づけていたのである。社会主義的労働運動、公民権運動、女性解放運動、東ヨーロッパでの反共産主義的叛乱、世界宗教やかつての被植民地世界内部における最も民主的で平等志向的な潮流についても、同じことが当てはまった。この含意は明らかである。批判理論の持つ変容《トランスフォーメーション》という目的を活気づけることは、啓蒙の遺産を否定的に捉えるところから始める批判理論の見方の再考を求めている。

もしかすると、ヴァルター・ベンヤミンの『ドイツの人びと』(一九三二)に、どこから始めたらいいかの示唆があるかもしれない。このテクストはベンヤミンが長年にわたって収集した手紙で構成されている。そこに集められた手紙を書いたのは、著名人というより、そういった著名人の友人、知人、親類だった。カントの弟やゲーテの親友のように、啓蒙の理念に鼓舞された市井の人々である。この小著は啓蒙についての一般通念を非難にさらす。啓蒙は知識人の小さなサークルを越えて拡がっていた。啓蒙の政治的価値観や文化的関心は、より自由《フリー》でより真当《ディーセント》な世界を求めた人々に語り掛けていたのである。

啓蒙——啓蒙の科学的合理性といったほうがいいかもしれない——は勝ち誇るものとして解釈すべきである、または、啓蒙のライバルの理論や実践と切り離して解釈すべきである、と考えた点で、フランクフルト学派は大きく間違っていた。啓蒙的思考はつねに守勢に回ってきた。

それはいまでもそうである。事実、アメリカ合衆国は十九世紀初頭の「ノウ・ナッシング党」からクー・クラックス・クラン、「アメリカ・ファースト」から現代の「ティーパーティー」にいたるまで、リチャード・ホフスタッターが合衆国政治における「パラノイア」的傾向と呼んだものに苦しんできた。いま世界で起こっていることを見渡せば、どれほど大雑把な見方であれ、この評価の正しさがますます確証される。人権、寛容、コスモポリタニズムの理念（そして科学さえも）は、ほぼいたるところで、宗教的狂信主義、文化的地方主義、権威主義的反動の勢力からの攻撃によって包囲されている。いや、少なくとも、そうした勢力からの異議申し立てを受けている。

フランクフルト学派は、啓蒙を酷評する際、アイザイア・バーリン卿が反《カウンター》啓蒙と名づけたものを無視した。ヨハン・ゲオルク・ハーマンのような反動の指導的存在は、リベラルのライバルと比べると、知的度量の面で見劣りした。これ見よがしに権威主義的で、偏狭で、頑迷で、それがあまりに度が過ぎるので、今日ほとんど読むに値しない。しかしながら、反啓蒙のことを忘れている点で、フランクフルト学派の啓蒙批判は究極的なところで歪んだものになってしまっている。啓蒙という現象は歴史的文脈の外に置かれ、抽象的な参照点しか与えられず、裁きを下されるのである。

リベラルな共和主義《リパブリカニズム》と民主的な社会主義はともに啓蒙に根差している。説明責任など持ち合わせていない制度による恣意的権力の行使に異議を唱える者たちの先頭に立っていたのが、啓蒙のパルチザンたちである。しかし、そういった人々は、残酷さの基本形態、宗教的教条主義、非識字、迷信、外人嫌悪《ゼノフォービア》、無作法を攻撃することを通して、市民社会の変容に貢献してもいた。啓蒙の遺産は、その社会的政治的な妥当性を失うどころか、まさに獲得するばかりであった。政治に関して批判理論が考慮すべき基本的なポイントが三つある。

一　啓蒙の理念は、反権威主義的運動とのあいだに親和力《エレクティヴ・アフィニティ》があることを示している。左翼運動は、地方主義にたいしてコスモポリタニズムを、直観にたいして理性を、伝統にたいして懐疑を、権威にたいして自由を優位に置く傾向にある。右翼運動が反啓蒙を奉ずるのはまったくよくわかる。二つの運動は最初から対立していた。啓蒙の弁証法はフィクションである。

二　啓蒙の規範は、生来的に批判的性格を持っている。偏見の犠牲者たちは、矯正措置を求めるとき、啓蒙の規範を必然的に参照する。そのうえ、いかなる習慣も伝統も例外なく精査される。啓蒙と連動した普遍的規範は、知名度のうえでまったく申し分ないその代表者たちの多くでさえ持ち合わせている個人的偏見に、異議を唱える。

三　啓蒙の原理は多元主義《プルーラリズム》を育む。統合志向のナショナリズムや有機的共同体をはっきりと退ける。それに加えて、寛容、実験、自律を強調する。リベラルな法の支配が有効であるかぎりにおいてのみ、主体性の自由にして実践的な行使について語ることが可能となる。

この三点のどれにしても、フランクフルト学派のインナー・サークルが全面的に賛同することはなかったし、そのことの含意は、大衆教育や文化産業の扱われ方に明白に現れている。芸術作品がその他の商品と何ら変わらない扱われ方をされるかぎり、文化産業は美的経験を標準化し、主体性を危機にさらしている、とフランクフルト学派は見た。裾野を下げ続けることによって利潤を最大化しようとする文化産業の執着は、不可避的に、知的水準の喪失をもたらす。人気によって作品はシステムに統合される。これによって、作品の批判的性格や解放的オルタナティヴを投射《プロジェクト》する能力が必然的に低下する。高度に複雑で洗練された芸術作品のみが、後になってから、抑圧されていたユートピア的イメージや、大衆社会に存する衰弱化衝動に抵抗する能力を備えた主体性の経験を顕在化させることができる、というわけだ。

しかしながら、文化産業には停滞したところなどまったくない。その美的、技術的発明は驚異的である。それぞれが独自の判断基準や目的水準を備えた多数の公衆《パブリック》を生成することによって、文化産業は多元主義《プルーラリズム》を育んできた。文化産業の手になる作品の多くが現状《ステイタス・クオ》や物象化に挑んでいる。しかしここが重要なのではない。真正の芸術たるものは虚偽状態の存在論に何かしら異議を唱えなければならないと力説することは、ラディカリズムを偽装する演習室《セミナー・ルーム》にたいするノスタルジーである。

ノスタルジーにひたることによって、批判理論はカリカチュアを招き入れてしまう。その否定《ネゲーション》として立ち現れるのは、解放が採るべき形態を明らかにすることもできなければ、被抑圧者が抑圧を全面的に受け入れていることに対処することもできない解放者である。とくに否定弁証法の信奉者たちは、何も議論の俎上に載せるつもりがないかのようだ。唯一の例外は、抵抗を構成するものにたいする完全に恣意的な個人的趣味である。文化はつねに、権力を持つ者の支配の維持と、権力を持たざる者の従属を維持するために使われてきた。ブレヒトは『屠殺場の聖ヨハンナ』(一九二九)で「支配的考えとは、支配者の考えである」と書いた。しかしながら、フランクフルト学派は抽象に拘泥するあまり、そうした考えにたいする抵抗から、具体的な参照項をすべて剝ぎ取ってしまう。

文化装置の内部におけるイデオロギー的衝突は、特定も規定もされないままである。左翼サイドの極端にポピュリズム的な傾向は、自分自身の抑圧に加担するようなやり方で複雑さを非難し、正典《キャノン》を無視し、名作《クラシック・ワーク》という考えを捨ててしまいかねない。だが批判理論にとって何が有益かということになると、文化産業が芸術を操作するやり口を強調するときごくわずかに手心を加えるより、いまだかつて使われたことのない、革新的な政治的気づき《アウエアネス》を形成する文化産業の潜勢力《ポテンシャル》に着目するほうがよいかもしれない。

『サタデー・ナイト・ライブ』とコメディアンのティナ・フェイは、サラ・ペイリン知事を突き崩すのに一役買った。すくなくとも、二〇〇八年、ジョン・マケイン上院議員と共和党員が彼女を副大統領候補に選んだあの悪名高き選挙戦に関してはそうだった。もちろん、マスメディアは右翼の煽動家に利用されてきた。しかし文化産業の理解の仕方として最良なのは、批判哲学者ダグラス・ケルナーが「異議の地《テレイン》」と名づけたもの——戦力差があり、イデオロギー的ヴィジョンや価値観のうえで対立関係にある戦闘員のあいだで、つねに戦闘が起こっているところ——である。別の言い方をするなら、文化産業とは、自らの文脈にたいして批判的であることもできる商品生産の一部門である、ということだ。

ヴァルター・ベンヤミンは「複製技術時代の芸術作品」（一九三五）においてこうした主題を論じていた。この著名な論考は、絵画の前近代的経験と近代的経験を並置する。絵画との前近代的な遭遇が起こるのは宗教的文脈においてであり、その遭遇は「アウラ」に浴していた。そこでは、絵画を見る者は、作品が唯一無二《ユニーク》な本物《オーセンティック》であることを見てとる。絵画はそれを作り出すために使われた技術の彼方にある生きた象徴であり、肌で感じられる伝統に根ざしていることを見てとるのである。芸術作品を複製する技術力——ピカソの絵画が大学生の部屋の壁を飾るポスターに転化したところを考えてみよう——は、作品からそのアウラを剝ぎ取る。その唯一無二性《ユニークネス》、本物性《オーセンティシティ》、確固たる伝統への根ざし《グラウンディング》を剝ぎ取るのだ。アウラの喪失は、疎外の感覚を強めることもできるし、架空の帰属感を与えようと目論む反動的運動の訴求力を強めることもできる。しかし、アウラの腐食は、作品を批判的省察《クリティカル・リフレクション》——もしくは、ベンヤミンが「張り詰めた精神状態《プレゼンス・オブ・マインド》」と名づけたもの——に開くこともできる。

ここから二つの可能性が観衆《オーディエンス》の前に自ずと姿を現す。もはや経験されえないものを経験しようとする偽物《インオーセンティック》の試みにある感情操作に屈するか、さもなくば、実存的、政治的気づき《アウエアネス》を育むために批判的省察を用いるか、である。しかしながら、文化産業の批判者たちは、本質的にふたつめの選択肢を否定することがあまりに多い。通説的理解によれば、アウラの喪失は主体性の操作を予言するものであり、一般大衆の趣味や関心から芸術を異化することを正当化するものである。

娯楽《エンターテイメント》と省察《リフレクション》は必ずしも相互に排他的ではない。オルタナティヴ・メディアやサイバースペースは、革新的勢力に新たな選択肢を提供している。技術方面のヴィルトゥオーゾは独りよがりだと決めつける必要もない。アドルノがいたく尊敬していたカール・クラウスは、諷刺の効いた毒舌と、今日ではほとんどお目にかかることのない言語的な才を振るって、同時代の報道機関や御用知識人をこきおろした。しかし、時代の基調であった「想像力の失敗」にたいするクラウスの攻撃には、具体的な狙いがあった。彼の攻撃は、自分の言葉がどんな実践的含意を持つかを思い描けないままに言葉を使っている文化的指導者たちに向けられていた。

これと似た関心が、ニコルソン・ベイカーの『ヒューマン・スモーク』(二〇〇八)のような実験的小説――かなり問題含みな実験だとしても――を特徴づけている。これは両世界大戦間の時代とジェノサイドの起源についての作品である。小説は数多くの引用や逸話を使っており、読者はそこから、政治的暴力の恐るべき力学《ダイナミクス》を分析し、神話的偶像《イコン》を貶め、忘れ去られた良心的な男女を奪還し、平和主義の尊厳を結晶化させる星座《コンステレーション》＝布置を編成するのである。著者の結論に首肯しないことはありえる。しかしベイカーがもたらす歴史についての批判的視座や、作品を特徴づけている倫理的衝動を無視することはできない。文化産業の内外で充分な数の大衆知識人《ポピュラー・インテレクチュアル》が新たな布置を作り出し、歴史を逆なでにし、政治的目的があることも珍しくない営為に従事《アンガジェ》している。

変容衝動《トランスフォーマティヴ・インパルス》

批判理論はもともと、各々が自身の専門領域の力量や専門知識を持ち寄るかもしれない学際的営為として意図された。批判理論の代表者が強調したのは、哲学と政治、社会と心理、文化と解放の関係である。全体性に思いをめぐらせ、社会科学、人文学、そして自然科学の解釈者さえも含めて、世界の見方を変えたのだった。

フランクフルト学派は使い古された概念に異議を唱えた。文化の廃墟、潰えた希望、覇権《ヘゲモニック》を握った文化勢力が無視したり抑圧してしまったものに、学派のメンバーたちは視線を注いだ。解放の理想にコミットする者たちが、新たな偶発性や新たな制約に応答することを求めた。理論と実践の関係を新たに捉え直す必要があることを暗示してもいた。これらは誇るべき遺産であり、保存に値する。そうではあるが、あれこれの立場や予言に、奴隷のごとく帰依する必要はない。批判理論は新たな状況に立ち向かうべきである。世界は拡がるばかりで、古い文明との新たな出会いが起こり、アイデンティティは多元化し、そして、おそらくは史上初めて、グローバルな経済文化システムについて語ることができるようになっている。

マックス・ホルクハイマーが研究所を引き継いだときに望んだのは、批判理論が専門家におもねる学術科目のひとつとして屋上屋を重ねるというよりはむしろ、公共哲学《パブリック・フィロソフィー》の一種になることだった。もしこれが依然として批判理論の目標であるなら、批判理論家たちは確定申告書のような文体を使うのを止めるべきだ。そして、人気があったりわかりやすかったりすることは、作品のラディカリズムにとって何か本質的に有害であるという命題に基づいた、偏向的な大衆文化《マス・カルチャー》分析を放棄すべきである。

ラディカルな公共哲学を育むことは、公的《パブリック》な問題を問い質し、社会が個体性の成長を阻害するやり方にたいしてオルタナティヴを提出することによってのみ、可能となる。批判理論はあまりに長きにわたって、トーマス・マンが他に先んじて「権力に守られている内面」と呼んだものに耽溺してきた。介入を視野に入れ、社会的、経済的、政治的な権力の不均衡を解明するには、新たな目標と新たな方法が必要である。

そうした営為の基盤となるのは、既存のイデオロギーや制度が隠蔽する傾向にある価値観や利害関心を明らかにすることである。そうすることで、市井の人々《エブリデイ・ピープル》がそれらに判断を下し、適切に対応できるようになる。C・ライト・ミルズは『社会学的想像力』(一九六〇)でまさにそう主張した。この高名なラディカルな思想家が、かの古典的著作——それは批判理論の強い影響を受けていた——で大学人や知識人に求めたのは、「私的《プライヴェート》なトラブルを公共《パブリック》の課題《イシュー》に」変容《トランスフォーム》することである。女性はすでに、近親相姦や夫婦間の虐待を、私的なものから公的な問題に転化している。ゲイやレズビアンの市民は、「ヘイトクライム」にたいする法制化の必要性を擁護している。有色人種は制度的人種差別《レイシズム》に異議を申し立てている。その他数えきれないほど多くの試みがなされてきているし、依然としてなされている。力を持つ《パワフル》人々の無数の制度に、力を奪われている《ディスエンパワード》人々にたいする説明責任を果たさせるためである。

行為体《エージェンシー》が世界から消えてしまったわけではない。ラディカルな社会運動は依然として存在している。しかしそれらは残存する根深い相違点によって分断されている。資源《リソース》、忠誠《ロイヤルティ》、世評《パブリシティ》をめぐって競い合っている。組織化された利益集団からすると、個別対応《セパレート・ディール》という道徳経済《モラル・エコノミー》にコミットするインセンティヴがある。その結果、左翼の総体《ホール》は部分の総和以下のものとなる。批判理論は新たなカテゴリーや新たな原理を用いることで、分断された利害関心を協調《コーディネート》させるうえで力を発揮できる。別の課題《タスク》もある。

民主主義は未完のままである。コスモポリタニズムはアイデンティティの挑戦を受けている。社会主義は新たな定義を必要としている。階級理念は依然として実現待ちの状態である。過去の文化遺産は依然として奪還も再生もされていない。わたしたちの世界経験は依然としてあまりに狭い。人々《オーディエンシズ》の学習能力は、何を教わるべきかという点について、依然として基準を必要としている。歴史のいたるところに散らばって省みられることのなかったユートピアの破片のために、新たな救済のかたちが、依然として存在しているかもしれない。これらの問題に従事《アンガジェ》することは、解放的規範によって特徴づけられた脱領域的展望を必要とする。正義や自由のような統整的《レギュラティヴ》理念を議論するための余地はつねにある。

　存在の構造や意味を取り扱う存在論的カテゴリーについても同じことが言える。しかし、批判理論家たちには、語りえないものを語ろうとする強迫観念となったものに耽溺するより、ずっと良い仕事がある。見えているがいまだ承認されていないもの、痛々しくはあるが治療可能なもの、抑圧されてはいるが力になる《エンパワリング》ものを突きとめるほうがよい。多面的な変容《トランスフォーメーション》のプロジェクトを抱きながら世界と対峙することによってのみ、批判理論は、自らの唯一無二性《ユニークネス》を改めて主張し、生命をみなぎらせる理念を際立たせることができる。連帯《ソリダリティ》、抵抗《レジスタンス》、自由《フリーダム》という理念を。

第十章　未完の課題――連帯、抵抗、グローバル社会

フランクフルト学派は真の意味では決してヨーロッパ、ソヴィエト連邦、アメリカ合衆国の彼方にある世界について考えなかった。しかしグローバルな全体性《トータリティ》は存在しているし、そこでは最も基本的な連帯の原理が攻撃を受けている。コスモポリタニズムは、偏狭さ、外人嫌悪《ゼノフォービア》、地方主義からの猛烈な挑戦を受けている。リベラル・デモクラシーは市民的自由や選挙権の水準を昔に戻そうと目論む人々から持続的な攻撃にさらされており、福祉国家は包囲されてきた。その結果、経済的平等と社会正義が切り崩されている。それればかりか、ギャングめいた恫喝的で粗野な新スタイルが、公共言説《パブリック・ディスコース》の一部となり始めている。人種差別がはびこり、宗教的不寛容や反移民的偏見は芽生えつつあるネオ・ファシズムを煽るばかりである。グローバルな全体性《トータリティ》のこれらの契機《モメント》は互いに繋がっている。それはいまに始まったことではなく、いままでもずっとそうだったのだ。

抵抗が求めるのは、リベラルでコスモポリタンな原理と、経済的な階級利害とをリンクさせることである。これはまず間違いなく、植民者より、被植民者のほうがよく理解してきたこ

とだ。しかしながら、最も裕福な国においてさえ、マルクスが「資本の政治経済」と「労働の政治経済」と名づけたもののあいだに、最も基本的な敵対関係が存在している。これを認識することが重要である。そのどちらを選ぶかに、福祉国家を支持するか糾弾するかの概念的基礎がある点は、いまだ変わっていない。しかしながら、階級が、数多くあるアイデンティティ形態のなかの単なるひとつにされてしまうとき、このような選択は不可能になる。新たな生命を吹き込まれた統整的《レギュラティヴ》理念が必要である。自由主義《リベラリズム》と社会主義の繋がりはまだこれから作っていくべきである。階級理念は依然として実現待ちの状態である。解放をめぐる過去の遺産はまだこれから奪還＝再生していくべきである。個の自律性は依然として宗教や権威主義に脅かされている。

今日批判理論は、自らを再構築《リコンストラクト》するとともに、自らを脱構築《ディコントラクト》しなければならない。現代のネオ・ファシズムの波に抵抗しようとするならば、である。革命はもはや「不可避」ではないが、改革の要求や被抑圧者の悲嘆が体系的に否定されているところでは、革命は議題《イシュー》から外されてはいない。一九八九年やアラブの春がそのような状況だった。リアルな課題は新世代の批判理論家による調査探究を必要としている。いかにして不満を行動に翻訳《トランスレート》するか、いかにして競合集団や組織を協調《コーディネート》させるか、いかにして希望や可能性を分節《アーティキュレート》するか。

これらの課題に取り組むには、別のカテゴリーが必要だ。それは、相互性についての硬直的解釈、ネオ・ヘーゲル主義的な「承認」概念、パフォーマティヴな矛盾とはかなり異なったものである。今日の問題とは、政治を制御しつつ、経済的社会的潮流に照準を合わせることだ。根深い財政危機や上位一％への富の集中は、「ゆたかな社会《アフルエント・ソサエティ》」についての昔ながらの仮定を粉砕してしまった。大抵の国家も、先進的な技術装置や共和政的な社会福祉制度の過剰のせいではなく、その欠如のために苦しんでいる。「物欲の後にくる《ポスト・マテリアル》」欲求の重要性を力説することは、蓄積過程に気を配ることを妨げ、権力の経済的不均衡をうやむやにし、アイデンティティをめぐる文化的執着の強調をもたらしてきた。事実、マイケル・トンプソンはこれらをすべて、批判理論の「飼い馴らし《ドメスティケーション》」に結びつけている。

「ポスト世俗《セキュラー》」社会のような概念と戯れてみたり、「前政治的《プレ・ポリティカル》」なものや宗教を西洋文明の基盤として力説してみたりしたところで、状況はいっこうによくならなかった。「もし神が死んでいるなら、すべてが許される」がドストエフスキーの真言《マントラ》だった。しかし事実を述べれば、いわば神が生きていたときでも、無辜の人々が苦しみ、すべてが（例えば野蛮が、虐殺《ポグロム》が、戦争が）許されていたのである。前政治的なもの（この用語が何かしらの意味を持つとしての話だが）を信じることで、イスラム教とキリスト教とユダヤ教の聖職者たちがどうにかひとつにまとまるだろう、などと決めてかかることは、モスクと教会とシナゴーグの組織的利害に目をつぶることでしかない。リベラルな政治規範にコミットすることは必要だが、そうした規範の施行を望み、実行に移すことができる主権国家も必要である。信と理の両サイドにある過激主義を解毒するために、宗教的信仰と世俗的理性がそれぞれを受け入れる、という考えをローマ教皇べネディクト十六世は提案した。しかし、これは認識論的に収拾のつかない状況を招き寄せるばかりか、リベラルな国家においてつねに自由《リバティー》を保護してきた、宗教と公的生活のあいだの「分離の壁《ウォール・オブ・セパレーション》」に亀裂を入れることになる。

　階級的差異を視野に入れながらコスモポリタンな連帯を確立する。そのための有意味な前提条件とは、本質的に世俗的《セキュラー》で政治的《ポリティカル》なものである。宗教は依然として被抑圧者の嘆息を表現するかもしれないが、宗教は大衆《マッセズ》の阿片のままである。良識ある敬虔な人々がいることは明白だし、そうした人々との提携は間違いなく必要だろう。神学的議論が（直接的であれ間接的であれ）マルクス主義や世俗的な解放運動に霊感を与えてきたことも真実であるし、その逆も真実である。この複雑な相互作用は、エルンスト・ブロッホの『キリスト教の中の無神論』（一九六八）、ヴァルター・ベンヤミンの「歴史哲学テーゼ」におけるユダヤ神学の援用、エーリッヒ・フロムの深遠な旧約聖書研究を枠組みとした世俗的ヒューマニズム、現代の「解放神学」に示されている。にもかかわらず、唯物論的疎外批判の基盤は宗教批判にあるし、信仰を美化《ロマン》しようとする試みは、批判理論がそもそも克服しようと意図していた疎外を再生産することになりがちである。

　エルンスト・ブロッホは『この時代の遺産』（一九三五）で次のように論じている。近代はルサンチマンや実存的絶望を生み出す。それを担うのは近代のもたらした影響で自分たちの生存が脅かされていると感じる前近代的階級や構成体（例えばプチ・ブルジョワジー、農民、その他の経済的に未発達なセクター）である。近代社会主義イデオロギーや自由主義《リベラル》イデオロギーを自分たちのものとして受け入れれば、そうした人々は自己の生存理由や現実感を奪われるだろう。だからこれらの前近代的な層は後ろを振り返る。過去を美化し、白人でキリスト教徒で男でヨーロッパ人であることと結びついた「自然な」特権を合法化する前近代的理論に向かうのである。この黄金時代なるものは、言ってみれば、女たちは台所におり、ゲイたちはクローゼットに隠れ、有色人種は骨の折れる卑しい仕事に勤しんでいた時代、そして（極めて重要なことだが）それぞれが喜んでそうしていた時代のことである。そのように統合されていた共同体にとって異質な要素――知識人、ユダヤ人、アウトサイダー――は、個人主義、多様性《ダイバーシティ》、平等についての自由主義的《リベラル》ないしは社会主義的な観念の名のもとに、前近代的集団の苛立ちをかきたてたようだ。

「ポスト人種」社会の可能性を信じることが一時期流行したが、道半ばで途絶えてしまった。極右の再起とともに始まった出来事によって的外れなものにされてしまったのだ。しかしながら、ブロッホはファシズムに焦点を当てるなかで、偏見がいかにして時代をまたいで持ち越され、いかにして新たな機能や組織的性格を獲得するかを詳しく調べてもいた。たとえば、階級利害の特定の衝突によって資本主義社会が形成されるとしても、そこには前資本主義的な（それゆえ同時代的ではない）問題も現れる。性差別《セクシズム》や人種差別《レイシムズ》の問題であり、リーダーシップをめぐる問題すらあり、それらが必要とするのは、以前なら予想することも受け入れることもできなかった解決策である。翻って、現代の反動的運動を考えてみよう。近代的なものが前資本主義的階級や集団のあいだにルサンチマンや怒りを生み出している例は枚挙にいとまがない。政治的、イデオロギー的に近代《モダニティ》に反対する者が依然として権力を得ることができるというのが、ブロッホの視座から学ぶべきことである。事実、まさにこれゆえに、非同時代的な矛盾にたいして、耽溺したり媚びたりするよりも、正面から向き合うべきなのだ。

近代《モダニティ》は被抑圧者の敵ではない。宗教的過去は一度として黄金時代であったことはなかったし、過去の宗教制度は一度として安全な避難所であったことはなかった。反科学主義、不寛容、教会区制は、歴史的に言って、権威主義的な政治事業を補完する役割を果たした。「後ろ向きの預言者たち」が反帝国主義的意図を持っていたとしても、この点は変わらない。近代《モダニティ》を貶すことには代償がある。ミシェル・フーコーが一九七九年のイラン革命についてかくもひどく判断を誤ったのは驚くべきことではない。アーヤトッラー・ホメイニの率いた革命防衛隊のなかにフーコーが見てとったのは、アメリカ合衆国の権威主義的な傀儡である国王にたいする叛乱だけではなく、帝国主義的で搾取的で翳りを見せつつある西洋文明にたいする反帝国主義的攻撃でもあった。都市と農村の諸力、労働組合とモスク、革命防衛隊とトゥーデ党、バニーサドルやホメイニのような指導者《リーダー》のあいだの利害の矛盾や衝突は見えなくなった。フーコーにとって重要だったのは、どうやら、叛逆者たちのサバルタンなアイデンティティだけらしかった。それは当時、力を与える《エンパワー》政治的行為体《エージェンシー》であると機械的に見なされていた。サバルタンとその政策に関しても、批判的省察が必要である。コスモポリタンな理想とリベラルな法の支配へのコミットメントがなければ、サバルタンの擁護は、独自の権威主義的教義《ドグマ》を備えた権威主義的体制《レジーム》を正当化する、体のいい口実をひとつ増やすことになってしまう。

グローバル化は新たなコスモポリタンな可能性を生み出したが、批判的政治理論《クリティカル・ポリティカル・セオリー》にとって新しい障壁も生み出した。「世界《ワールド》」はより大きくなり、生活の質《クオリティ・オブ・ライフ》は変化し、ますますヨーロッパはいくつもある大陸のなかの（断片化された）ひとつになってきている。しかしながら、ポスト帝国主義やポスト植民地主義についての現行の言説は、まずなにより文化的な性格を持っている。「間交錯性《インターセクショナリティ》」、「異種混交性《ハイブリディティ》」といったカテゴリーの導入を通して、ポスト帝国主義やポスト植民地主義が主体性にあたえるインパクトが強調される。批判理論から哲学や文学のほうに分かれた現代的支流は、権力を、社会的ないしは言語的な人為的構築物として扱うきらいがある。組織化にまつわる問題、サバルタン内部での衝突、蓄積過程の構造的力学《ダイナミクス》が希薄になりがちである。批判的伝統に立脚する者は、議論で使われている概念について「みんな《エブリワン》」が同じ一般的定義をしていると仮定してよい、それで充分ではないか、と言っているかのように思われることも珍しくない。

しかしそれは間違っている。ヴァサント・カイウォーは次のように述べた。批判理論のポストコロニアルな継承者たちが行った、経済的なものや政治的なものから文化的なものへの移行には、「マルクスやグラムシから、ニーチェやハイデガーへのシフト（フーコーやデリダとまではいかないかもしれないシフト）」が絡んでいた。その結果もたらされたものに名前をつけるなら、非現実的《ロマンチック》な反帝国主義となるかもしれない。それは、正当にも「ヨーロッパを地方化する《プロヴィンシャライズ》」一方、「文化」はたいてい均質化されたものとしてそのままに放置され、抽象のなかで宙吊りにされる。そうしたロマン主義は、被植民者のなかの間＝文化的「破砕《フラクチャーズ》」とエンリケ・ドゥッセルが呼んだものを無視するきらいがある。これは決定的に重要なことである。なぜなら、植民地主義と帝国主義の性格に関する解釈の相違は根深く、相互に排他的であることも稀ではないからだ。マルクス、ローザ・ルクセンブルク、ホブソン、レーニン、ファノン、メンミなど、その他さまざまな理論のなかからどれかを選ぶ必要がなくなるとき、伝統は瓦解し、混乱がはびこる。帝国主義や植民地主義（そこに「ポスト」と付けるか付けないかに関係なく）についての見方が曖昧であれば、抵抗についての考えも曖昧なものしか生まれてこない。

　批判理論に必要なのは、社会についての批判的政治理論《クリティカル・ポリティカル・セオリー・オブ・ソサエティ》として再起し、そのコスモポリタンな意思を改めて肯定することである。わたしたちは依然としてわたしたち自身やわたしたちの伝統のほうに内向きな視線を注ぎがちである。外に向かって視線を開き、世界を見つめ、わたしたちの知らない人々と連帯するための前提条件を確保しようとはしない。カントはかつて、コスモポリタニズムを、どこにいてもくつろぐ《フィール・アット・ホーム》ことのできる能力と定義した。しかしそれでは問題の一面しか捉えきれていない。今日の倫理的命法とは、わたしたちのいるところで「他《アザー》」にくつろぎ《ホーム》を感じてもらうことである。そして、この点において、互いに競合するわたしたちの諸伝統が作動し始め、どれかを選ぶ必要性が出てくる。可能な限り概略的に捉えれば、歴史は闘争の産物であり、植民地化された世界の歴史についての新たな理論的展望の試金石となるのは、反帝国主義的叛乱かもしれない。異なった様々な社会運動のなかで仕事をしている現代の批判理論家たちが逆らうべきは、文化的破砕を取り繕い、問題化されているアイデンティティを物象化しようとする偏狭な者たちや煽動家たちである。それらに対抗して試みるべきは、ある特定のアイデンティティ形成の内部にある様々な諸伝統のうち、どれが他の諸集団や諸文化の諸伝統との連帯を最良《ベスト》のかたちで育むことになるかもしれないのかを規定することである。

移民たちがもたらす地政学的変化の只中にあって——移民たちは、自分たちの市民権や、市民としての身分に保護を与えることができる主権国家を必要としている——「統治性《ガバメンタリティ》」(フーコー)や、権力の合法的行使と非合法的行使の境界の曖昧化に関心が集まりつつあるのは、もっともなことだ。これは「バチカン銀行」によるいかがわしい取引において明らかになったし、二〇〇八年の経済破綻や、ギリシャ、イタリア、韓国などにおける腐敗の非道性においても同様である。これらの課題《イシュー》を現代の批判理論は探求する必要がある。しかし、それが可能となるのは、二〇一一年のオキュパイ・ウォールストリート運動において噴出した「水平主義《ホリゾンタリズム》」についての時代遅れで非実際的な考え方や、タウンミーティングと労働者評議会に由来する古臭い脱中心化のヴィジョンと向き合う場合だけである。水平的で脱中心的な組織形態は時代錯誤だ。参加型民主主義は、通常、「〔守るよりも〕破るほうが名誉」〔『ハムレット』一幕四場からの引用〕であり、たいていの場合、課題《イシュー》がローカルであればあるほど、参加の度合いも少なくてすむ。直接民主主義《ダイレクト・デモクラシー》の支持者に欠けているのは想像力である。良き生活《グッド・ライフ》には、「コミュニティ」ミーティングに顔を出し続けることよりずっと多種多様な事柄がどうしても絡んでくる。それに、直接民主主義の支持者は明白なことに目をつぶってもいる。端的に言って、脱中心的な組織形態では、多国籍企業、マフィア化を深める国家、ないしは、形になりつつある新たな軍産複合体に対処できない。

権力にたいして真実を語ることと、権力の廃絶を要求することは、大きく異なっている。なぜなら、後者は決して起こりえないからだ。新形態の批判理論は、イランにおけるグリーン・ムーブメント、アラブの春、オキュパイ・ウォールストリート、緊縮経済にたいする南ヨーロッパでの反対運動の、組織的、戦略的弱点について考えをめぐらすべきである。現代における反革命の勝利を説明することも必要だ。フランクフルト学派は自らの時代のためにそれに取り組んだし、その過程において、学派メンバーたちは、家族、性的抑圧、教育、虐殺、娯楽、文学分析、それからその他さまざまな事柄についてのわたしたちの理解を豊かなものにした。経済、国家、公共圏、法律、グローバル・ライフに刻印を押している権力の構造的不均衡を明らかにするのに助力した。抑圧の条件を明らかにすること、抵抗に向かう道を開くこと、解放の理念を作り直すこと、これらは批判的伝統の核心的な企図であり続けている。しかしながら、グローバル化していく社会の内部で変容《トランスフォーメーション》の見通しを育んでいくには、新たな視座《パースペクティヴ》が必要である。次に必要となるのは、批判理論を、現在進行中の批判的問い質し《クリティカル・インテロゲーション》に従属させることである。そうあらねばならない。そうすることによってのみ、批判理論は、批判的営為の根源的《オリジナル》な精神に誠実でありつづけることができるのである。

訳者解説

わたしたちが持っているものは必ずしもわたしたちの欲しいものではない。わたしたちの欲しがるものだけがわたしたちの持てるものだとはかぎらない。そのことを、ユートピアはわたしたちに気づかせてくれる。

（本書一〇八頁、訳文を一部変更）

本書はOxford University PressのVery Short Introductionsシリーズのなかの一冊、Stephen Eric Bronner, *Critical Theory: A Very Short Introduction*. 2nd Edition（2017）の全訳である。第一版は二〇一一年に出版されている。「はしがき」にあるとおり、第二版では三章の「批判理論とモダニズム」が新たに書き下ろされ、全編にわたって改訂が施されている。原書にはいくつか単純なミスプリントや誤記があったが、それらは訳者の判断で適宜修正してある。

著者のスティーヴン・エリック・ブロナーはラトガーズ大学政治学部教授であり、同大学で最も権威あるボード・オブ・ガバナーズ・プロフェッサーに任命されている。同大学の「虐殺・人権研究センター」国際関係論部門のディレクターも兼任しており、ユネスコと連携する「虐殺予防と人権」のための研究プログラム執行委員のひとりでもある。一九七五年にカリフォルニア大学バークリー校博士号（政治学）を取得している。

多作な書き手であるばかりか、華々しい受賞歴の持ち主で、編著や一般書も含めれば二十五冊以上にのぼる著作があり、二百以上の論文を執筆しているという。専門は近代政治学だが、現代政治や中近東についても発言している。*Moments of Decision: Political History and the Crises of Radicalism*（Routledge, 1991）で、アメリカ政治学会からマイケル・ハリントン・ブック・アワードを受賞。*Reclaiming the Enlightenment: Toward a Political of Radical Engagement*（Columbia University Press, 2004）は、過去五年に出版された政治理論についての最良の本に与えられるデイヴィッド・イーストン賞にノミネートされた。二〇一一年には「中近東政治学ネットワーク」により「中近東平和賞」を受賞している。近年の著作としては *The Bigot: Why Prejudice Persists*（Yale University Press, 2014）、*Modernism at the Barricade: Aesthetics, Politics, Utopia*（Columbia University Press, 2012）、*Blood in the Sand: Imperial Fantasies, Right-Wing Ambitions, and the Erosion of American Democracy*（The University Press of Kentucky, 2005）がある。ブロナーの著書は六カ国語以上に翻訳されており、本書『批判理論』の第一版はすでに中国語、ペルシャ語、アラビア語の翻訳があるという。

啓蒙の伝統を取り戻し、再生すること、それがブロナーのライフワークのひとつであるといっていいだろう。*Reclaiming the Enlightenment* はフランクフルト学派が仕掛けたほとんど壊滅的なまでの啓蒙批判を補完し、啓蒙の伝統を肯定的に取り戻そうという試みである。現代アメリカを代表する哲学者コーネル・ウェストはこの著作に次のような讃辞を送っている。「スティーヴン・エリック・ブロナーが書いたのは、大いに求められながら、決して完成することのなかった、アドルノとホルクハイマーの『啓蒙の弁証法』の続編である。ブロナーによる政治的自由、社会的正義、コスモポリタニズムの強力な弁護は、わたしたちが手にしている啓蒙の遺産の最良の拡張である。視野狭窄的な合理主義者、「あれかこれか」のロマン主義者、自己憐憫的なニヒリストにたいするブロナーの異議申し立ては力に充ちあふれており、説得的である」。そして本書『批判理論』も、この路線にのっとって書かれている。この意味で、本書の隠れた主題の一つは、批判理論と啓蒙の系譜的繫がりである。

当初はカタカナで『クリティカル・セオリー』とすることも考えた。というのも、ブロナーはフランクフルト学派の批判理論を再構築し、脱構築しているからで、それはドイツ的なものというより、アメリカ的なものであると訳者には感じられたからだ。このような再解釈で前景化されるのは、批判理論にもともと備わっていた（しかし後の理論的精緻化によって逆に見えにくくなり、弱体化してしまった）政治的次元と倫理的目的である。過去の遺産の批判的再検討において、とくに、過去から現在へと遺産が引き継がれていく本書後半部分においては、わたしたちがよく知っている悲劇的に独り沈潜していく高踏趣味の「批判理論」ではなく、シリアスではあるがコミカルなところもあり、対話に開かれたデモクラティックな「クリティカル・セオリー」がますます表面化してくる。結論部分では、カルチュラル・スタディーズやポストコロニアル研究の知見を採り入れながら、現代グローバル社会における批判理論の意義を解き明かすことに議論がシフトする。しかしながら、編集者の竹園公一朗さんと協議を重ねた結果、カタカナではフランクフルト学派との関係が見失われるかもしれないという危惧が勝利を収め、最終的に『フランクフルト学派と批判理論』という邦題を採用する運びとなった。

本書の構成

本書は批判理論の源泉であるフランクフルト学派の概説書であり、第一世代に先行する西欧マルク主義者たち（ルカーチ・ジョルジュ、カール・コルシュ、アントニオ・グラムシ）、第一世代（マックス・ホルクハイマー、テオドール・W・アドルノ、エーリッヒ・フロム、ヘルベルト・マルクーゼ、ヴァルター・ベンヤミン）から始まり、第二世代のユルゲン・ハーバーマスを経て、第三世代に数えられるアレックス・ホネットまでたどるのだが、本書の中心となるのは、思想であって人物ではない。ここでキーとなるのは、邦訳副題に加えた「疎外」と「物象化」である。

狭義のフランクフルト学派にこだわらないブロナーの立場は、フランクフルト学派についての入門書が含めなかったり、含めるにしても軽く流してしまうようなところまで、手広くカバーすることを可能にしている。ルカーチ・ジョルジュ、アントニオ・グラムシ、カール・コルシュのようなフランクフルト学派の基本的思想態度を形作った思想家への目配りがあり（二章）、批判理論と美的モダニズムの方法論的類縁性や動機の面での近しさがクローズアップされる（三章）。ヘーゲルやマルクスなどの十九世紀ドイツ思想への言及があり、マルクスの『経済学・哲学草稿』が学派にたいして持った決定的な影響――それは一九六八年の世代に先行するものである――が強調される（四章）。ときとして批判的で悲観的すぎるフランクフルト学派の本旋律（五章）を、希望を前面に打ち出すエルンスト・ブロッホのようなユートピア的潮流によって対位法的に補い（六章）、両者をともに新たなかたちで共鳴させていく。第二次世界大戦後もアメリカ大陸にとどまったマルクーゼやフロムにたいする扱いも、全編を通して丁寧である。

ブロナーがアウシュヴィッツの問題をことさらに強調しないのは意図的な選択だろう。ブロナーの他の著作を見れば、ユダヤ人問題が彼にとって重要なテーマであることは一目瞭然である。本書でも、ブロナーは決してフランクフルト学派とナチズムの問題をなおざりにはしないし、それどころか、批判理論とは、変わりゆく歴史状況にたいして自らを変容させながら実践的理論や理論的実践を行うものであると規定し、批判理論と二十世紀史の照応関係を丁寧にフォローしていく。しかしながら、それは批判的思想の問題を単一の主題に差し戻すのではなく、より広い政治的文化的文脈に開いていくためである。

ブロナーのフランクフルト学派にたいする態度は、ときとしてかなり辛辣であり、それは

「文化産業」について集中的に取り扱った七章に範例的なかたちで現れている。フランクフルト学派の大衆文化軽視や、文化的高踏主義は厳しい批判にさらされる。文化産業のラディカルな政治的可能性を強調するブロナーの態度はカルチュラル・スタディーズとの類縁関係を思わせるが、フランクフルト学派による文化産業批判は彼らのエリート主義に還元できるものではなく、そこには文化産業の物象化効果が個人に与える壊滅的な悪影響（経験の標準化、内面の貧困化）を告発しようとする倫理的動機があった、とブロナーは指摘してもいる。政治と倫理にたいする強い関心が、本書を、批判理論とフランクフルト学派の歴史的研究ではなく、その現代的な政治的倫理的意義についての書に変容している、と言ってもいいだろう。

フランクフルト学派についての研究では、第一世代（ホルクハイマーやアドルノたち）の厳しすぎるほどの否定的批判性から導かれる悲観主義にたいする解毒剤として――そして、ポスト構造主義やポストモダンの相対主義にたいする反発として――ハーバーマスによるコミュニケーション倫理や理性的対話主義を対置するという戦略が採用されることも珍しくない。批判理論の通史を書く場合、そのようなハッピーエンドなプロットが採用されるのは理解できることだ。しかし、ブロナーの歴史記述はそれとは決定的に異なっている。ブロナーはむしろ六八年的なものにたいするフランクフルト学派の二つの反応を浮き彫りにする（八章）。一方に、新たな感性を体現し、日常生活や文化そのものを変容させようとした六八年世代と呼応するマルクーゼがおり、他方には、そうした大衆行動を一九三〇年代の大衆的ファシズムと重ね合わせ、運動からははっきりと距離を取り、主体性という隔絶したモナドによる否定性という理論的実践にのみ希望をつなごうとするホルクハイマーとアドルノがいる。個人の自律性の擁護には全面的に賛同しつつも、そうした形而上学的展開が行為体《エージェンシー》の問題をぼやかし、経済的なものや政治的なものを哲学的なものや宗教的なものに包摂してしまったことを、ブロナーは問題視する。

こうして最後の二章（九章、十章）で、ブロナーは狭義の意味でのフランクフルト学派から大きく離れ、グローバル社会というわたしたちの歴史現実と批判理論の関係へとシフトしていく。本書が、ドイツ語圏の研究者による類書と大きく異なるのはここのところだろう。ブロナーは旧来の批判理論やフランクフルト学派のヨーロッパ的限界をはっきりと認識し、そのヨーロッパ特殊論に批判的立場を採っている。一方において、学派のなかで周縁的だったり敵対的だったりする思想家たちを対位法的に補うことで批判理論の潜勢力《ポテンシャル》を浮かび上がらせ（九章）、グローバルな全体性がありありと出現してきた現代における批判理論の可能性をスケッチする（十章）。

政治を文化に還元する現代社会の潮流や、西欧の非西欧にたいする傲慢な視線を批判にさらし――たとえばミシェル・フーコーのイラン革命の誤読は厳しく問い直される――批判理論を真の意味でグローバルなものに鍛え直し、今の世界に開いていこうとする。たしかに、ブロナーは現代の問題の具体的な解決策を提示しているわけではない。というより、現実の背後でうごめく利害関心や価値観、行為者の意図や動機には還元できない構造的効果やイデオロギー的帰結、構造的なものやシステムがもたらす影響を分析し分節するのが批判理論の企図であり、ブロナーはその始源《オリジナル》的精神に忠実なのだ、と言ったほうが正しいだろう。啓蒙の遺産を取り戻し、グローバルな文脈で再生し、自由主義《リベラリズム》と社会主義を繫ぎ合わせたコスモポリタニズムを描き出そうとするブロナーの知的努力には、独自の魅力がある。

疎外と物象化

ブロナーは「イントロダクション」で疎外と物象化を次のように簡潔に定義している。疎外は「搾取と分業の心理的効果」であり、物象化は「人が道具的に扱われるありさま」である。本書全体を踏まえてもうすこし敷衍するなら、次のように説明できるだろう。両者はコインの裏表のようなものであり、物象化は疎外を悪化させ、疎外状況は物象化を正当化してしまう。疎外も物象化も、その起源はおそらく人類の誕生にさかのぼるくらい古いもの（人類史的問題《アンソロポロジカル》）だが、資本主義によって加速度的に悪化したもの（歴史的、近代的問題）である。搾取されることで生産者は自らの生産品にたいするコントロールを失い、分業によって自らの生産行為との関係をますます見失っていく（疎外）。分業はまた、質的なものを量的なものに転化する。本来なら質的であるもの（生産者という個人）が量的でしかないもの（個人の持つ生産力）に転化する（物象化）。こうして、近代資本主義社会を生きる個人は、自分にたいしても、他人にたいしても、事物にたいしても、よそよそしい関係しか切り結べなくなる（疎外）。

これだけでも壊滅的な状況であるのに、文化産業（「文化」を商品として生産する産業）がそれに拍車をかける。文化産業は個人の感じ方や考え方を標準化する。文化産業は教育ではなく商業の論理で動いており、文化ではなく産業のほうに強調が置かれている。文化産業の問題は、それが低俗でしかない娯楽的な作品を作るからではない。高尚なところや道徳的なところがない作品を作るからではない。わたしたちが自分なりに感じたり考えたりする契機を与えないようなものを作るからである。わたしたちがみな同じような感じ方や考え方をするように誘導するからである。文化産業はわたしたちから個体性や自律性を剥ぎ取り、わたしたちをいわば交換可能な単なる消費者に変えてしまう（物象化）。

しかし、これら生産と消費の両方のスペクトラムにおける非人間化の力に抗おうとする衝動が、わたしたちのうちに潜んでいる。ユートピアにたいする希求であり、より良いものや最良のものへのあこがれである。それは他者を単なる手段として扱うような態度（物象化）の克服であり、自分自身や他者や世界との違和感（疎外）の最終的な乗り越えである。

批判理論とフランクフルト学派は分析や解釈のための洗練された理論を作ったが、それは理論のための理論ではなく、近代の非人間性にたいする抵抗のためだった。この意味で、ブロナーの描き出すフランクフルト学派にとって、これら四つのモチーフ――疎外、物象化、文化産業、ユートピア――はすべて、現実をより良く理解するための分析的カテゴリーであると同時に、それを変容するための実践的ツールでもあった。

フランクフルト学派批判──歴史的特定化、改革／変容

本書の歴史記述は明確に価値判断的である。ブロナーは個人の自律性を護ろうというフランクフルト学派の中心的テーゼに完全に同意するが、その目標のために提出された理論や実践となると全面的に対決的な姿勢で臨む。批判理論を、現実の唯物的な変容実践に繋ぎ留められた理論的な試みと規定するブロナーの観点からすると、個体性の保存のために社会から退却する形而上学的方向性（アドルノの否定弁証法、ホルクハイマーの完全なる他への憧憬）も、モダニズム的方向性（ベンヤミンの星座＝布置）も受け入れがたい。形而上学的方向性の洗練化である心理主義（ホネットの配慮と承認）も同様である。既存の社会状況を受け入れ、そのなかに規範的空間を創出していこうという言語論的方向性（ハーバーマスのコミュニケーション倫理）についても辛辣である。これらの方向性はすべて、唯物論的な問題を手つかずのまま放置し、それを別のレベルで解消しようという疑似解決にすぎないからだ。このブロナーの立場はどこか古典的マルクス主義を思わせる。真の意味での上部構造の変革は、土台を変革することによってのみ可能である。

ブロナーはこうした疑似解決の対極に位置するユートピア的解決である人類史的《アンソロポロジカル》切断にも肯んじない。それは唯物論的な方向性からすれば理論的には正しいものかもしれないが、端的

に言って、実現不可能だからである。だからこそ、美学的創造行為による昇華（マルクーゼの新しい感性）や解釈学的な先取りの意識（ブロッホの希望という方法）にたいするブロナーの態度には、どこかアンビバレントな含みがある。だが、「あれかこれか」を迫る暴力的にユートピア的な思考モードは一貫して退けられる。ユートピアは多元的で複数的なものでなければならないからだ。

ブロナーにとって決定的な重要性を持つのは、西欧マルクス主義者のなかで最も知名度の低いカール・コルシュのようだ。理論も実践もそれが生起した歴史的文脈から引き剝がされると意味を失うというコルシュに賛同し、「歴史的特定化《ヒストリカル・スペシフィケーション》」という観点からフランクフルト学派を批判していく。批判理論は、現実に存在するリアルな人々、リアルな集団、リアルな対立や衝突といった、具体的な参照項なしには正常に稼働しないからである。

こう考えていくと、本書の議論の転換点でたびたび登場するエーリッヒ・フロムの理論的意義がはっきりしてくる。フロムには、人間主義《ヒューマニズム》と社会主義を融合させようという啓蒙の遺産に連なる試みに加えて、リアルな治癒の試みにコミットする姿勢がある。ブロナーはそれを高く評価する。だが、ここにはもっと大きな問題も潜んでいる。治療の試みは果たして社会全体の治療につながるのか。なるほど、治療はリアルな行為で、歴史的に特定されてもいる。しかし、リアルでありすぎること、具体でありすぎることに代償はないのか（批判理論は物事の「前提」を問い質すものである、というブロナーの規定を思い出しておこう）。

ここには、アドルノが『ミニマ・モラリア』で述べたアポリアがある。「間違った生活は正しく生きられない」。フロムの治療的態度は、間違った生活を正しく生きようとすることではないのか。しかし、正しく生きるために、間違った生活を何か別の新しいものに置き換えるという人類学的切断は不可能であるし、間違った生活をポジティヴにまったく拒否すること（マルクーゼ）も、間違った生活と自らの生の同一化をネガティヴに拒否すること（ホルクハイマー、アドルノ）も、生産的とはいえないだろう。それでは変容にはつながらない。

ブロナーによるフランクフルト学派の乗り越えは、まさに、この二者択一的断定を微分していくことにある。間違った生活には幅があるのではないか、正しい生き方にもまた幅があるのではないか。ブロナーは革命主義者ではなく漸近的な改革主義者である。ではなぜ「改革《リフォーム》」という一般的な語彙ではなく、「変容《トランスフォーメーション》」という言葉にこだわるのか？ 世界を変えるというのは、それをあるべき状況へ、あってほしい状態へと、内側から徐々に変形《トランスフォーム》させていくことだからだ。個別問題の解決に拘泥し、その問題の元凶である構造や体系の変容＝変形にまったく手をつけないのであれば、それは結局のところ、疑似的な解決でしかない。

リベラルなコスモポリタニズム——リアルなもののネゴシエーション

ブロナーは啓蒙の規範をグローバル化する現代に取り戻し、再生させようと目論む。それはアドルノの『否定弁証法』や『美の理論』のように表現しえぬものを表現しようとする孤高のモダニズム的試みではないし、ブロッホの『希望の原理』のようなユートピア的衝動の表現主義的奔流もない。マルクーゼの『解放論の試み』のようなユートピア的高揚もなければ、ベンヤミンの「歴史哲学テーゼ」のような黙示論的希望もない。

きわめて穏健な提言かもしれない。近年の運動が最終的には成功に結びつかなかった理由をきちんと考え直そう。疎外に対処するために宗教に頼ることは疎外の再生産につながりかねない。疎外という実存的問題の完全な解決は期待できないが、物象化のほうは対処可能だ。近代の啓蒙の肯定的な遺産を最大限に利用しよう。道具的合理性はエンパワーメントに使える。権力の廃絶ではなく、権力の恣意的な行使の阻止を目指そう。社会的なものであれ、経済的なものであれ、政治的なものであれ、権力の不均衡を是正しよう。権力を合理的に行使するための政治機構を構築しよう。富の圧倒的に不均衡な配分は正されなければならない。宗教権威を抑え込み、世俗的な秩序を確立しよう。リベラルな法の支配を確立しよう。移民や難民の人権を擁護するために主権国家は依然として必要だ。アナキズム的な水平主義や自発主義ではマフィア化する国家や多国籍企業や軍産複合体には対抗できない。

ブロナーは理論と実践をめぐる議論の焦点を本質論（権力とはなにか）から運用論（権力をどう使うか）にシフトさせる。問題は残っている。ブロナーはハーバーマスの普遍的語用論を解説しながら、「しかしそうしたコミュニケーション・ルールを最初から共有しない者たちはどうするのか」と疑問を投げかけていた。ブロナーが説く経済的階級を梃子にしたグローバルな連帯も、同じ批判にさらされるかもしれない。連帯しようとしない人々をどうするのか。古き良き日にノスタルジーを抱き、後ろ向きにしか世界と向き合おうとしない人たちと、（たとえ経済的利害の面での共闘の可能性はあるはずだとしても）本当に有意義なかたちで連帯できるのだろうか。

十章におけるエルンスト・ブロッホの『この時代の遺産』への言及は、この意味で、きわめて重要である。というのも、非同時代的矛盾という考え方に依拠することで、ブロッホは、心理学的でも人類史的でもなく、歴史的で唯物論的な説明を提出する可能性を切り開いているからだ。ブロッホによれば、複数の異なった時代に端を発するものがひとつの時代のなかに共存しており、それらの衝突から矛盾が生まれてくるという。この理論にのっとれば、差別は多層的な問題であり、人類学的な古層や深層のような単一の源泉――それはニーチェが先鞭をつけ、フロイトが『文明への不満』で定式化し、アドルノとホルクハイマーが『啓蒙の弁証法』で極北にまで突き進めた路線である――に還元されるものではなくなる。前近代的な原因もあれば、資本主義的な原因もある。重要なのは多元性であり、複数である。ここで必要になってくるのは、差別を単一的で斉一的な「文化」の問題と片づけてしまうのではなく、そのうちにある差異をクローズアップすることである。

しかし、単なる相対主義や複数主義に陥ってもいけない。現実とは破砕《フラクチャー》したさまざまな文化的諸伝統の衝突であると受けとめるだけでは不充分である。わたしたち一人ひとりが、その伝統のどれかを意識的に選び取らなければならない。そのように自らを位置づけることによってのみ、別の破砕との衝突が痛切さを帯びたリアルなものになる。そうすることで、リアルな衝突のうちに互いに共通する領域を見つけ出し、そこを基点にしてグローバルにコスモポリタンに変容された啓蒙の規範に粘り強く繋げていく可能性が開けてくる。

ベンヤミンは「複製技術時代の芸術作品」において、政治を美学化するファシズムにたいして、美学を政治化することでそれに対抗しなければならないと述べていたが、それを踏まえてブロナーの提言をまとめるなら、政治を文化に還元しようとする現代社会の潮流にたいして、リベラルなコスモポリタニズムは文化を政治化することで答えなければならない、ということになるだろう。

均質的で統合されているように見える文化内部の差異を照らし出し、リアルに存在しているさまざまな文化や伝統を突き合わせ、それらのネゴシエーションのなかから、最良のかたちで連帯を育むかもしれない契機を作り出していくこと。理論も実践も、リアルな状況が変わるにつれて変わらなければならない。というよりも、変わらないほうが嘘なのだ。変容を必然とすること、それこそが、わたしたちが批判理論から学ばなければならないことではないだろうか。

思想《アイデア》の闘い

わたしたちは「建設的ではない」という一言で批判を封じ込めようとする心性そのものを、

批判にさらしていかなければならない。テオドール・W・アドルノは亡くなる数カ月前に行った「批判」と題されたラジオ講演で、そのような趣旨のことを述べている。それはもしかすると、世を騒がす運動に加わりたがらないアドルノの自己弁明のようなものだったのかもしれない。だが、何か良い対案を提示することを批判の条件とすることは、批判を飼い馴らすことにほかならない、というアドルノ主張は依然として正しい。批判とは「烈しさ」あってのものである。批判の強度《インテンシティ》が重要なのだ。

世界のいたるところで排外主義がはびこり、責任説明を果たそうとしないどころか厚顔無恥に嘘を重ねるような指導者たちが国家元首となり、憎悪や嘲笑の言葉が電子空間を埋めつくし、もはや見たこともない赤の他人を気にかけることなど偽善としかみなされない。そんな世の中にあっては、世界の不正義に憤り、言いようのない怒りを抱えて拳を握り締めるのは、もう特殊な感性でしかないのかもしれない。そんな空しい独りよがりな営為にいそしむより、見知った知人や友人や家族たちと静かに穏やかに幸せな生活を営もう、そう思う人のほうが多いのかもしれない。

しかし、批判理論が教えてくれるのは、そうした感じ方や考え方は歴史的産物にほかならず、疎外や物象化のイデオロギー的な効果なのだ、ということである。世界が疎外と物象化を深めるとき、そのなかで形成されるわたしたちもまた、疎外と物象化を内面化し、内面化したその感性や思考のモードを世界や他者に向かって投影し、その暴力を不可避的に反復していく。だからこそ、現代のベタにもメタにも暴力的な歴史状況に真の意味で抵抗し対抗するためには、想像力のトレーニングが絶対に必要である。

現代の政治問題は思想戦を必要としている。トランプ大統領の誕生という道徳的混乱のなか一気に書き上げられた『NOでは足りない』（生島幸子、荒井雅子訳、岩波書店、二〇一八年）において、ナオミ・クラインは、トランプ大統領への道はさまざまなところで長いあいだにわたって準備されていたと強調している。トランプ大統領は決してここ数年の突発事態ではなく、長い歴史的傾向の顕在化にほかならない。たとえば、トランプ大統領が公的言説にもちこんだ嘲笑や侮蔑というモードは、二〇〇〇年代初頭から下ごしらえされていた。「『アプレンティス』は毎週、何百人もの視聴者に自由市場資本主義の理論の中心をなす売り文句を叩き込んだ。人間のいちばん利己的で残酷な面をむき出しにすれば、ヒーローになれる。雇用も生まれるし、経済も成長するのだ、と。いい人になるな、鬼になれ。そうすれば経済に貢献できるし、何よりも自分自身のためになるのだ、と」（五七頁）。実際の統計を見れば、現代における富の配分の不平等は誰の目にも明らかである。二〇一六年に金融機関のクレディ・スイスが行った調査によると、上位十%の所有資産が世界の富の八十九%を占め、下位五十%の資産の合計は世界の富の一%にも満たないという。

このような事実を世界に突きつければすむということではない。トランプ的なものやネオリベラリズム的なものは、「市場は常に正しく、規制は常に間違いで、民間は善であり公共は悪、公共サービスを支える税金は最悪だ」（九六頁）という態度や思考が選択肢の一つとして肯定される世界をもたらしただけではない。それればかりか、「これはひと握りのビッグな勝者と大量の敗者を生むシステムなのだから、なんとしても勝者チームに残れるようにしないとだめだぞ」、「おまえを勝者にしてやろう。そして一緒に敗者をぶっつぶそうではないか」（五八頁）という態度が常識の一部になり、それどころか、常識そのものになってしまったかのような世界である。ナオミ・クラインが力説するように、似非ポピュリスト右派の台頭を阻止することは、選挙でそうした政策を公言する政治家を当選させなければいい、ということにはとどまらない。選挙戦略を越えた、選挙期間だけにとどまらない、「思想《アイデア》をめぐる闘いに進んで参加すること」（一四五頁）がどうしても必要になってくる。

　こうした現代の政治文化的文脈を踏まえると、ブロナーが十章で行っている次の提言の重要性はかりしれない。

> 批判理論に必要なのは、社会についての批判的政治理論《クリティカル・ポリティカル・セオリー》として再起することであり、そのコスモポリタンな意思を再び肯定することである。わたしたちは依然としてわたしたち自身やわたしたちの伝統のほうに内向きな視線を注ぎがちである。外に向かって視線を開き、世界を見つめ、わたしたちの知らない人々と連帯するための前提条件《フィール・アット・ホーム》を確保しようとはしない。カントはかつて、コスモポリタニズムを、どこにいてもくつろぐことの

できる能力と定義した。しかしそれでは問題の一面しか捉えきれていない。今日の倫理的命法とは、我々のいるところで「他《アザー》」にくつろぎ《ホーム》を感じてもらうことである（本書一八〇頁）。いかにしてこのようなユートピア的な倫理的命法を具体的にできるか。ブロナーはたしかにそのことを本書で具体的に示してはいない。しかし、批判の仕事、批判理論が定義する意味での批判の本当の仕事とは、具体的な個別の問題にたいして技術論的な意味で効率的な正答を与えることではない。わたしたちが常識だと思っている現実を問い質し、そこに問題を見つけること、抑圧の前提条件を明るみに出すこと、抵抗のための筋道を描き出すこと、そうした筋道を照らし出す解放の理念を分節することだ。そして願わくば、そうした道の先にある（遥か遠くでしかないとしても）多元的で複数的なユートピアの可能性の煌めきを予示することである。

＊＊＊

今回の翻訳は先人の仕事がなければまったく不可能なものだった。入門書という性質上、原書にはまったく注がなく、引用元も示されていない。最初は詳細な注を付けることも考えたが、注は読書体験を分断してしまう恐れもある。それゆえ、数カ所を除いて脚注はつけないことにした。ブロナーが文化産業のラディカルな政治的可能性の具体例として言及している事柄について興味がある読者は、インターネットで検索していただければと思う。引用については、四行以上にわたるもの以外は明記しないことにした。しかし、既訳がある場合は可能なかぎり参照している。独自に訳し直したものもあるが、キーワードの統一を除き、できるかぎり既訳をそのまま引用するかたちを採った。そのせいで地の文と引用部分のあいだに言葉遣いのうえで微細なズレが生じているが、これは、複数性や多元性を尊ぶ本書の倫理的理念に共感した訳者の戦略的な選択である。

参考、参照、引用させていただいた文献をリストアップすることで、先人の仕事に敬意を表するともに、深くお礼を申し上げたい。ルカーチ・ジョルジュ『ルカーチ著作集九巻　歴史と階級意識』（城塚登、古田光訳、白水社）、ヴァルター・ベンヤミン『ベンヤミン・コレクション』（浅井健二郎編訳、ちくま学芸文庫）、『ヘルダーリン全集3』（手塚富雄、浅井真男訳、河出書房新社）、カール・マルクス『経済学・哲学草稿』（長谷川宏訳、光文社古典新訳文庫）、マックス・ウェーバー『プロテスタンティズムの倫理と資本主義の精神』（大塚久雄訳、岩波文庫）、テオドール・W・アドルノ『啓蒙の弁証法』（徳永恂訳、岩波文庫）、『ミニマ・モラリア』（三光長治訳、法政大学出版局）、『新音楽の哲学』（龍村あや子訳、平凡社）、『プリズメン』（渡辺祐邦、三原弟平訳、ちくま学芸文庫）、『否定弁証法』（木田元ほか訳、作品社）、『美の理論』（大久保健治訳、河出書房新社）、エルンスト・ブロッホ『希望の原理』（山下肇ほか訳、白水社）、ヘルベルト・マルクーゼ『解放論の試み』（小野二郎訳、筑摩書房）、『一次元的人間』（生松敬三、三沢謙一訳、河出書房新社）。ハーバーマスについては中岡成文『増補　ハーバーマス』（ちくま学芸文庫）をずいぶん参照させてもらった。人名や固有名詞についてはシュテファン・ミュラー＝ドーム『アドルノ伝』（徳永恂監訳、作品社）に依拠している部分が大きい。エーリッヒ・フロムの伝記部分（とくに診療所＝神療所の地口）についてはライナー・フンク『エーリッヒ・フロム』（佐野哲郎、佐野五郎訳、紀伊國屋書店）に多くを負っている。

編集者の竹園公一朗さん、組版の鈴木さゆみさん、装幀の小林剛さんにも深く感謝したい。ゲラになってからも執念深く修正を入れ続ける訳者の執拗さのせいで、竹園さんにも鈴木さんにもずいぶん迷惑をかけてしまったが、おふたりの寛容さのおかげで、訳者としても納得のいく良い仕事ができたと思っている。とはいえ、誤訳や誤解はおそらくどこかに忍び込んでいるだろうし、それはすべて訳者の責任である。フランクフルト学派を縦横無尽に引用し、きわめて圧縮されたかたちで議論を進めるブロナーの書き方は訳者にとっても大きな挑戦であり、それを日本語に翻訳することがどこまで成功しているかについては、寛大な読者の判断を待ちたいと思う。

二〇一八年九月二十七日　静岡にて

小田透

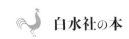

訳者略歴

小田透（おだ・とおる）
一九八〇年生まれ。東京大学大学院総合文化研究科博士課程単位取得満期退学。カリフォルニア大学アーバイン校で博士号（比較文学）取得。静岡県立大学特任講師。主な訳書に『エマ・ゴールドマン自伝』（小田光雄との共訳、ぱる出版）、アレクサンダー・バークマン『アナキスト、監獄の回想』（ぱる出版、近刊）

フランクフルト学派と批判理論
〈疎外〉と〈物象化〉の現代的地平

二〇一八年一〇月二〇日 印刷
二〇一八年一一月一〇日 発行

著　者 スティーヴン・エリック・ブロナー
訳　者© 小田　透
発行者 及川直志
印刷所 株式会社三秀舎
発行所 株式会社白水社

東京都千代田区神田小川町三の二四
電話 営業部 〇三(三二九一)七八一一
　　 編集部 〇三(三二九一)七八二一
振替 〇〇一九〇-五-三三二二八
郵便番号 一〇一-〇〇五二
www.hakusuisha.co.jp

乱丁・落丁本は、送料小社負担にてお取り替えいたします。

株式会社松岳社

ISBN978-4-560-09654-3

Printed in Japan

索　引

さ行

た行

な行

は行

ま行

や行

ら行

わ行

文献案内

第一章

Illuminations: The Critical Theory Web Site. www.uta.edu/huma/illuminations/

Arato, Andrew, and Eike Gebhardt, eds. *The Essential Frankfurt School Reader.* New York: Continuum, 1982.

Benjamin, Walter. *One-Way Street.* Translated by Michael Jennings. Cambridge, MA: Harvard University Press, 2016. ヴァルター・ベンヤミン『一方通行』、浅井健二郎編訳『ベンヤミン・コレクション 3』ちくま学芸文庫、1997 年

Bronner, Stephen Eric, and Douglas Kellner, eds. *Critical Theory and Society.* New York: Routledge, 1989.

Horkheimer, Max. *A Life in Letters: Selected Correspondence.* Edited and translated by Manfred R. Jacobson and Evelyn M. Jacobson. Lincoln: University of Nebraska Press, 2007.

Jay, Martin. *The Dialectical Imagination.* Berkeley: University of California Press, 1996. マーティン・ジェイ、荒川幾男訳『弁証法的想像力：フランクフルト学派と社会研究所の歴史 1923-1950』みすず書房、1975 年

Jeffries, Stuart. *Grand Hotel Abyss: The Lives of the Frankfurt School.* New York: Verso, 2016.

Lowenthal, Leo. *Critical Theory and Frankfurt Theorists: Lectures-Correspondence-Conversations.* New Brunswick, NJ: Transaction, 1989.

Scholem, Gershom, and Theodor W. Adorno. *The Correspondence of Walter Benjamin, 1910-1940.* Translated by Manfred R. Jacobson. Chicago: University of Chicago Press, 1994. ヴァルター・ベンヤミン、野村修編集解説『書簡』（著作集 14、15）晶文社、1972 年

Wheatland, Thomas P. *The Frankfurt School in America: A Transatlantic Odyssey.* Minneapolis: University of Minnesota Press, 2009.

Wiggershaus, Rolf. *The Frankfurt School: Its History, Theories, and Political Significance.* Translated by Michael Robertson. Cambridge: Polity Press, 1994.

第二章

Bronner, Stephen Eric. *Of Critical Theory and Its Theorists.* 2nd ed. New York: Routledge, 2002.

Dubiel, Helmut. *Theory and Politics: Studies in the Development of Critical Theory.* Translated by Benjamin Gregg. Cambridge, MA: MIT Press, 1985.

Habermas, Jürgen. *Knowledge and Human Interests.* Translated by Jeremy J. Shapiro.

Boston: Beacon Press, 1972. ユルゲン・ハーバーマス、奥山次良ほか訳『認識と関心』未来社、1981 年（2001 年に復刊版あり）
Honneth, Axel. *Disrespect: The Normative Foundations of Critical Theory.* Cambridge: Polity Press, 2007.
Horkheimer, Max. *Critical Theory.* Translated by Matthew J. O'Connell. New York: Seabury Press, 1973. 本書に集められた論文のいくつかは、以下の翻訳に収録されている。マックス・ホルクハイマー、久野収訳『哲学の社会的機能』晶文社、1974 年；森田数実訳『批判的社会理論』恒星社厚生閣、1994 年；角忍、森田数実訳『批判的理論の論理学』恒星社厚生閣、1998 年
Jay, Martin. *Marxism and the Totality: Adventures of a Concept from Lukács to Habermas.* Berkeley: University of California Press, 1996. マーティン・ジェイ、荒川幾男ほか訳『マルク主義と全体性』国文社、1993 年
Merleau-Ponty, Maurice. *Adventures of the Dialectic.* Translated by Joseph Bien. Evanston, IL: Northwestern University Press, 1973. モーリス・メルロ＝ポンティ、滝浦静雄ほか訳『弁証法の冒険』みすず書房、1972 年
Thompson, Michael J., ed. *The Palgrave Handbook of Critical Theory.* New York: Palgrave, 2016.

第三章

Adorno, Theodor W. "Trying to Understand Endgame." *New German Critique* 26 (Spring-Summer 1982): 119-150. テオドール・W・アドルノ、「『勝負の終わり』を理解する試み」（三光長治ほか訳『文学ノート 1』みすず書房、2009 年に所収）
Benjamin, Walter. *Charles Baudelaire: A Lyric Poet in the Era of High Capitalism.* Translated by Harry Zohn. London: Verso, 1997. ヴァルター・ベンヤミン、浅井健二郎編訳『パリ論／ボードレール論集成』ちくま学芸文庫、2015 年
Bronner, Stephen Eric. *Modernism at the Barricades: Aesthetics, Politics, Utopia.* New York: Columbia University Press, 2014.
Buzby, Amy. *Subterranean Politics and Freud's Legacy: Critical Theory and Society.* New York: Palgrave, 2013.
Hughes, Robert. *The Shock of the New: The Hundred Year History of Modern Art.* New York: Knopf, 1991.
Kracauer, Siegfried. *Jacques Offenbach and the Paris of His Time.* Translated by Gwenda David. Cambridge: Zone Books, 2016. ジークフリート・クラカウアー、平井正訳『天国と地獄：ジャック・オッフェンバックと同時代のパリ』せりか書房、1978 年（ちくま学芸文庫、1995 年）
Morgan, Margot. *Politics and Theatre in Twentieth Century Europe.* New York: Palgrave, 2013.
Ross, Stephen, ed. *Modernism and Theory: A Critical Debate.* NewYork: Routledge, 2009.
Shippen, Nichole. *Decolonizing Time: Work, Leisure, Freedom.* New York: Palgrave, 2014.
Taylor, Ronald, ed. *Aesthetics and Politics: The Key Texts to the Classic Debates in German*

Marxism. New York: Verso, 2007. 本書に集められている文章のいくつかには翻訳がある。エルンスト・ブロッホ「表現主義を論じる」、テーオドル・W・アドルノ「強奪された和解―ジェルジ・ルカーチ『誤解されたリアリズムに抗して』に寄せて―」(『ルカーチ著作集　別巻』白水社、1969 年)、ルカーチ・ジョルジュ「リアリズムが問題だ」(『ルカーチ著作集 8 巻』白水社、1969 年)、ヴァルター・ベンヤミン「ブレヒトとの対話」(石黒英男編集解説『ブレヒト』著作集 9、晶文社、1971 年所収)、テオドール・W・アドルノ「アンガージュマン」(『文学ノート 2』みすず書房、2009 年)、野村修訳『ベンヤミン/アドルノ往復書簡 1928-1940』晶文社、1996 年

第四章

The Writings of the Young Marx. Easton, Loyd D., and Kurt H. Guddat, eds. and trans. New York: Doubleday, 1967. 本書に収録されている文章のいくつかについては、以下の翻訳がある。マルクス、中山元訳『ユダヤ人問題に寄せて／ヘーゲル法哲学批判序説』(光文社古典新訳文庫、2014 年)、中山元ほか訳『マルクス・コレクション I』『マルクス・コレクション II』(筑摩書房、2005 年)。大月書店版『マルクス＝エンゲル全集』1 巻から 4 巻には、本書で抜粋されている文章の全文が見つかる。

Feenberg, Andrew. *Alternative Modernity: The Technical Turn in Philosophy and Social Theory.* Berkeley: University of California Press: 1995.

Gerth, H. H., and C. Wright Mills, eds. *From Max Weber: Essays in Sociology.* New York: Oxford University Press, 1958. H・ガース、C・ライト・ミルズ、山口和男、犬伏宣宏訳『マックス・ウェーバー：その人と業績』ミネルヴァ書房、1962 年

Habermas, Jürgen. *Toward A Rational Society: Student Protest, Science, and Politics.* Boston: Beacon Press, 1970.

Honneth, Axel. *Reification: A New Look at an Old Idea with Judith Butler, Raymond Geuss, and Jonathan Leader.* Edited by Martin Jay. New York: Oxford University Press, 2008.

Ludovisi, Stefano Giachetti, ed. *Critical Theory and the Challenge of Praxis: Beyond Reification.* New York: Routledge, 2016.

Marcuse, Herbert. *From Luther to Popper: Studies in Critical Philosophy.* Boston: Beacon Press, 1991.

Meszaros, Istvan. *Marx's Theory of Alienation.* London: Merlin Press, 2006. I・メサーロシュ、三階徹、湯川新訳『マルクスの疎外理論』啓隆閣、1972 年

Ollman, Bertell. *Alienation: Marx's Concept of Man in Capitalist Society.* New York: Oxford University Press, 1977.

Thompson, Michael J. *Georg Lukács Reconsidered: Critical Essays in Politics, Philosophy and Aesthetics.* New York: Bloomsbury, 2011.

第五章

Bauman, Zygmunt. *Modernity and the Holocaust.* Ithaca, NY: Cornell University Press, 2001. ジークムント・バウマン、森田典正訳『近代とホロコースト』大月書店、2006

年
Berlin, Isaiah. *Against the Current: Essays in the History of Ideas.* Edited by Henry Hardy. New York: Penguin, 1979.
Berlin, Isaiah. *The Magus of the North: J. G. Hamann and the Origins of Modern Irrationalism.* Edited by Henry Hardy. London: John Murray, 1993. アイザイア・バーリン、奥波一秀訳『北方の博士 J.G. ハーマン：近代合理主義批判の先駆』みすず書房、1996 年
Bronner, Stephen Eric. *Reclaiming the Enlightenment: Toward a Politics of Radical Engagement.* New York: Columbia University Press, 2004.
Bronner, Stephen Eric. *A Rumor about the Jews: Anti-Semitism, Conspiracy, and the Protocols of Zion.* New York: Oxford University Press, 2004.
Horkheimer, Max. *The Eclipse of Reason.* Translated by Matthew O'Connell. London: Bloomsbury, 2013. マックス・ホルクハイマー、山口祐弘訳『理性の腐蝕』せりか書房、1970 年
Kellner, Douglas. *Critical Theory, Marxism, and Modernity.* Baltimore: Johns Hopkins University Press, 1989.
Marcuse, Herbert. *Negations: Essays in Critical Theory.* Beacon Press: Boston, 1969.
Rabinbach, Anson. *In the Shadow of Catastrophe: German Intellectuals Between Apocalypse and Enlightenment.* Berkeley: University of California Press, 2001.

第六章

Benhabib, Seyla. *Critique, Norm, and Utopia.* New York: Columbia University Press, 1986.
Benjamin, Walter. *Illuminations. Edited by Hannah Arendt.* Translated by Harry Zohn. New York: Schocken, 1969. 本書所有のテクストは『ベンヤミン・コレクション』（ちくま学芸文庫）や『ベンヤミン著作集』（晶文社）に収められている。
Bloch, Ernst. *The Principle of Hope.* Translated by Neville Plaice et. al. Cambridge, MA: MIT Press, 1986. エルンスト・ブロッホ、山下肇ほか訳『希望の原理』全 3 巻、白水社、1982 年
Buck-Morss, Susan. *Dialectics of Seeing: Walter Benjamin and the Arcades Project.* Cambridge, MA: MIT Press, 1991.
Durkin, Kieran. *The Radical Humanism of Erich Fromm.* New York: Palgrave, 2014.
Kellner, Douglas, et al. *On Marcuse.* Boston: Sense Publishers, 2008.
Marcuse, Herbert. *An Essay on Liberation.* Boston: Beacon, 1969. ヘルベルト・マルクーゼ、小野二郎訳『解放論の試み』筑摩書房、1974 年
Wolin, Richard. *Walter Benjamin: An Aesthetic of Redemption.* New York: Columbia University Press, 1982.

第七章

Adorno, Theodor W. *The Culture Industry: Selected Essays on Mass Culture.* Edited by J.

M. Bernstein. New York: Routledge, 2001.

Adorno, Theodor W. *Prisms.* Translated by Samuel Weber and Shierry Weber. Cambridge, MA: MIT Press, 1994. テオドール・W・アドルノ、渡辺祐邦、三原弟平訳『プリズメン』ちくま学芸文庫、1996 年

Aronowitz, Stanley. *The Knowledge Factory: Dismantling the Corporate University and Creating True Higher Learning.* Boston: Beacon Press, 2001.

Habermas, Jürgen. *Structural Transformation of the Public Sphere: An Inquiry into a Category of Bourgeois Society.* Translated by Thomas Berger. Cambridge, MA: MIT Press, 1991. ユルゲン・ハーバーマス、細谷貞雄訳『公共性の構造転換：市民社会の一カテゴリーについての探究』未来社、1973 年（細谷貞雄、山田正行訳、第二版、1994 年）

Kellner, Douglas. *Media Spectacle and the Crisis of Democracy: Terrorism, War, and Election Battles.* Denver: Paradigm, 2005.

Kracuaer, Siegfried. *The Mass Ornament: Weimar Essays.* Translated by Thomas Y. Levin. Cambridge, MA: Harvard University Press, 2006. ジークフリート・クラカウアー、船戸満之、野村美紀子訳『大衆の装飾』法政大学出版局、1996 年

Negt, Oskar, and Alexander Kluge. *Public Sphere and Experience: Toward an Analysis of the Bourgeois and Proletarian Public Sphere.* Translated by Peter Labanyi. Minneapolis: University of Minnesota Press, 1993.

Wolff, Robert Paul, Barrington Moore, and Herbert Marcuse. *A Critique of Pure Tolerance.* Boston: Beacon Press, 1969. ロバート・ポール・ウォルフ、バリントン・ムーア・ジュニア、ヘルベルト・マルクーゼ、大沢真一郎訳『純粋寛容批判』せりか書房、1968 年

第八章

Adorno, Theodor W. *Lectures on Negative Dialectics.* Edited by Rolf Tiedemann. Translated by Rodney Livingstone. Cambridge: Polity Press, 2008.

Adorno, Theodor W. *Notes to Literature.* 2 vols. Edited by Rolf Tiedemann. Translated by Shierry Weber Nicholsen. New York: Columbia University Press, 1992. テオドール・W・アドルノ、三光長治ほか訳『文学ノート 2』、みすず書房、2009 年

Adorno, Theodor W., and Walter Benjamin. *The Complete Correspondence 1928-1940.* Edited by Henri Lonitz. Translated by Nicholas Walker. Cambridge, MA: Harvard University Press, 1999. 野村修訳『ベンヤミン／アドルノ往復書簡 1928-1940』晶文社、1996 年

Buck-Morss, Susan. *The Origins of Negative Dialectics: Theodor W. Adorno, Walter Benjamin, and the Frankfurt Institute.* New York: Free Press, 1979.

Habermas, Jürgen. *The Philosophical Discourse of Modernity.* Translated by Frederick Lawrence. Cambridge, MA: MIT Press, 1990. ユルゲン・ハーバーマス、三島憲一ほか訳『近代の哲学的ディスクルス』全 2 巻、岩波書店、1990 年

Jay, Martin. *Adorno.* Cambridge, MA: Harvard University Press, 1984. マーティン・ジェイ、木田元、村岡晋一訳『アドルノ』岩波書店、1987 年（同時代ライブラリー、

1992 年）
Rose, Gillian. *The Melancholy Science: An Introduction to the Thought of Theodor W. Adorno.* New York: Columbia University Press, 1978.
Zuidevaart, Lambert. *Adorno's Aesthetic Theory: The Redemption of Illusion.* Cambridge, MA: MIT Press, 1993.

第九章

Adorno, T.W., et al. *The Positivist Dispute in German Sociology.* New York: Harper, 1976. 城塚登ほか訳『社会科学の論理：ドイツ社会学における実証主義論争』河出書房新社、1979（新装版、1992 年）
Adorno, Theodor, and Horkheimer, Max. *Towards a New Manifesto.* Translated by Rodney Livingstone. New York: Verso, 2011.
Dumain, Ralph. "The Autodidact Project" Available at http://www.autodidactproject.org/.
Fay, Brian. *Critical Social Science: Liberation and Its Limits.* Ithaca, NY: Cornell University Press, 1987.
Habermas, Jürgen. *Moral Consciousness and Communicative Action.* Translated by Christine Lenhardt and Shierry Weber Nicholsen. Cambridge, MA: MIT Press, 1991. ユルゲン・ハーバーマス、三島憲一ほか訳『道徳意識とコミュニケーション行為』岩波書店、1991 年（岩波モダンクラシックス、2000 年）
Kirchheimer, Otto. *Politics, Law, and Social Change.* Edited by Frederic S. Burin and Kurt L. Schell. New York: Columbia University Press, 1969.
Marcuse, Herbert. *Technology War and Fascism: Collected Papers*, vol. 1. Edited by Douglas Kellner. New York: Routledge, 1998.
Neumann, Franz. *The Democratic and Authoritarian State.* Edited by Herbert Marcuse. New York: Free Press, 1957. フランツ・ノイマン、ヘルベルト・マルクーゼ編、内山秀夫ほか訳『政治権力と人間の自由』河出書房新社、1971 年（『民主主義と権威主義国家』河出書房新社、1977 年再版）
Thompson, Michael J. *The Domestication of Critical Theory.* London: Rowman & Littlefield, 2016.

第十章

Anderson Kevin B., and Janet Afary. *Foucault and the Iranian Revolution: Gender and the Seductions of Islamism.* Chicago: University of Chicago Press, 2005.
Boer, Ronald. *Criticism of Heaven: On Marxism and Theology.* Chicago: Haymarket Books, 2009.
Bronner, Stephen Eric. *The Bigot: Why Prejudice Persists.* New Haven, CT: Yale University Press, 2014.
Dussel, Enrique. *Ethics of Liberation: In the Age of Liberation and Exclusion.* Durham, NC: Duke University Press, 2013.

Jansen, Peter-Erwin, and Reitz Charles, eds. *Herbert Marcuse's 1974 Paris Lectures at Vincennes University.* Frankfurt am Main: Herbert Marcuse Archives, 2015.

Kaiwar, Vasant. *The Postcolonial Orient: The Politics of Difference and the Project of Provincialising Europe.* Chicago: Haymarket Books, 2015.

Nanda, Meera. *Prophets Facing Backward: Postmodernism, Science and Hindu Nationalism.* New Brunswick, NJ: Rutgers University Press, 2006.

Ratzinger, Joseph, and Jürgen Habermas. *The Dialectics of Secularization: On Reason and Religion.* San Francisco: Ignatius Press, 2007. ユルゲン・ハーバーマス、ヨーゼフ・ラッツィンガー、フロリアン・シュラー編、三島憲一訳『ポスト世俗化時代の哲学と宗教』岩波書店、2007 年

Smulewicz-Zucker, Gregory, and Michael J. Thompson. *Radical Intellectuals and the Subversion of Progressive Politics.* New York: Palgrave, 2015.

Steger, Manfred. *Globalization: A Very Short Introduction.* New York: Oxford University Press, 2009. マンフレッド・B・スティーガー、櫻井公人ほか訳『グローバリゼーション』岩波書店、2005（新版、2010 年）

Steger, Manfred. *The Rise of the Global Imaginary: Political Ideologies from the French Revolution to the Global War on Terror.* New York: Oxford University Press, 2008.

図 版